JN219255

総社市ひきこもり支援等検討委員会

ひきこもりサポーター
養成テキスト

はじめに

ひきこもり支援等検討委員会委員長

西田和弘（岡山大学）

　「ひきこもり」とは、一般的には、一定期間以上社会参加のない状態とされ、日本において、「ひきこもり」という状態が社会的に認知されるようになって二十数年が経ちます。この間、精神保健や障がい福祉の領域などにおいて、「個人の問題ではなく社会の問題」「個人責任を超えたさまざまな外的要因による発現」であることが明らかにされ、原因分析や支援方法などの研究および実践が行われました。しかし、世間では、原因や背景、支援の必要性などへの理解は進まず、依然として個人あるいは家族の問題と見られているように思われます。

　国も、ひきこもりを社会の問題としてとらえ、平成20年前後にかけて実態調査を行いました。平成21年度からは「ひきこもり対策推進事業」が展開され、都道府県にひきこもり地域支援センターの設置を促し、ひきこもり支援サポーターを養成するなどの取り組みが始まりましたが、十分な効果があがっている状況にはありません。生活困窮者の自立相談支援事業の相談者の中にはひきこもりの問題を抱える人も含まれるとして、平成27年度からは、この事業は生活困窮者自立支援法に基づくその他事業として位置付けられました。市町村レベルでの対応強化が急がれます。

　ひきこもりに関する調査では、その状態が長期にわたっている人が多いとされています。ひきこもりが長期化すると親も高齢となり、収入が途絶えたり、病気や介護がのしかかったりして、一家が孤立、困窮するケースが顕在化し始めています。さらに、高齢の親が死亡した場合、ひきこもり者家族の主たる収入となっていた年金も途絶えますので、社会との接点のないひきこもり者は、生活どころか命の危険にすら直面することになります。また、社会との接点を失うと社会サービスの利用が困難になるため、要介護状態にある親のために介護保険サービスの利用手続きをすることが難しく、結果、ひきこもり者自身が「ネグレクト」の虐待者とみなされるケースもあります。こうした例は「80代の親と50代の子」、すなわち、「8050（ハチマルゴーマル）問題」といわれています。

　しかし、平成20年前後の国の調査は、義務教育終了後から39歳までを対象とし、「就労可能性」だけが念頭に置かれていたように思われます。これは、

ひきこもり支援の本質とはかけ離れています。確かに、「就労」というのは最も理想的なわかりやすいゴールかもしれませんが、「社会参加」にはさまざまな形があることを認識する必要があります。

平成30年度はひきこもり支援の大きな転換点となる可能性があります。内閣府は、40歳から59歳を対象にした初めての実態調査実施のため、平成30年度予算案に調査費2000万円を計上し、また、厚生労働省は概算要求に、新たに「就労準備支援・ひきこもり支援の充実」として13億円を計上しました。支援対象の拡大と地域の取り組みを支援する姿勢をうかがうことができます。

とはいえ、ひきこもり支援は一筋縄ではいきません。ひきこもりの原因・きっかけは多様で、ひきこもり者の家庭環境も一様ではありません。また、ひきこもり者の中には、「ほっといてほしい」という人も多く、本人の意思に反してまで、「ほっとけない」という周囲の思いを押し付けるわけにはいきません。

最も対応が難しく、地域福祉の最後の課題にして永遠の課題ともいわれるひきこもり支援について、支援の仕組みや支援方法を確立することは容易ではなく、積極的にひきこもり支援に取り組む市町村は極めて少ないのが実情です。

総社市・総社市社協は、この最も困難な課題に協働して取り組む決断をし、一歩一歩進んできました。これまでの障がい者千五百人雇用センターや権利擁護センター、生活困窮支援センターなどの運営を通して、ひきこもり支援が総社の福祉の喫緊の課題であるとの思いに至ったからです。

総社市社協は平成27年に岡山県社協の支援を得て、「ひきこもり支援等検討委員会」を設置し、総社市の関係部局・総社市社協の関係センターのみならず、備中保健所やハローワークなどひきこもり支援に重要な役割を果たす機関のご参加を得て、検討を進めました。特に、民生委員・児童委員及び福祉委員の方々は、支援のキーパーソンとなることから、研修会や懇談会にご参加いただき、「個人の問題ではなく社会の問題」であることを十分ご理解いただくことを出発点としました。検討委員会での議論を踏まえ、総社市の「全国屈指福祉会議」の重点項目にも位置付けていただき、総社市行政の重要施策であり、かつ、総社市社協の重要事業でもあるという位置付けになりました。

もちろん総社市以外にも、地域事情を考慮しつつ、効果的なひきこもり支

援を行われている基礎自治体があります。例えば、秋田県藤里町等の取り組みは全国的にも有名で、総社も視察させていただき、大いに参考にさせていただきました。こうしたひきこもり支援先進自治体が集い、全国的なノウハウの共有のために今こそ連携していくべきだという思いを強くしています。

　また、従来からひきこもり者の親の会は全国的な連携をしておられたところ、今般、当事者の会の全国レベルの連携組織も結成されました。当事者の親による当事者・家族の支援、当事者同士の支援の輪が形成されるに至ったわけですが、まだ全国的な連携ができていないセクターがあります。おこがましい言い方をお許しいただくならば、「支援する／すべき側」、すなわち、行政・福祉関係者の全国的な連携です。そのうえで、親の会、当事者の会、自治体・福祉関係者の会が三位一体となれば、この状態をどうにかしたいと苦悩するひきこもり者を一人でも多く社会参加につなげるお手伝いが効果的にできると思われます。

　ひきこもり支援を効果的かつ着実に行うためには、それを支える人、すなわち、ひきこもりサポーターの養成と支援スキルのアップが不可欠です。本テキストが、皆さんのやる気と力を引き出せるものとなることを祈念しています。

（注）ひきこもり支援・総社のあゆみ―行政と社協の協働体制2018「はじめに」の一部を引用しています。

もくじ

はじめに　　3

第1章
ひきこもりとは

ひきこもりとは……………………………　8
地域でできるひきこもり支援…………… 14
基礎自治体の役割とひきこもり支援に
　取り組む意義……………………………… 18

第2章
ひきこもりのとらえ方

ひきこもりの背景要因…………………… 22
社会的背景………………………………… 25
不登校とひきこもり……………………… 28
発達障がいとひきこもり………………… 32
精神障がいとひきこもり………………… 36
本人の想い（当事者インタビュー）…… 41
家族の想い（当事者インタビュー）…… 45

第3章
効果的なひきこもり支援を
行うために

効果的にひきこもり支援を行うために… 50

第4章
ひきこもりサポーターの役割

ひきこもりサポーターの役割…………… 56

第5章
ひきこもり支援における
ピアサポートについて

ひきこもり支援におけるピアサポートについ
て…………………………………………… 60

第6章
「ひきこもり」への支援と
その視点

「ひきこもり」への支援とその視点 …… 64
当事者と家族に寄り添う………………… 67
ストレングスとエンパワメント………… 71
社会参加に求められる視点と
　居場所の役割…………………………… 75
多様な協働が支援を生み出す
　―支え合える地域づくり……………… 80

第7章
基礎自治体における
ひきこもり支援の取り組み

総社市の現状……………………………… 84
全国屈指福祉王国プログラム…………… 85
総社市における不登校支援の取り組み
　〜だれもが行きたくなる学校づくり〜 87
総社市ひきこもり支援センター
　"ワンタッチ"の取り組み …………… 90

おわりに　　100
資料　　102

第1章

ひきこもりとは

ひきこもりとは

ひきこもり支援等検討委員会
西田和弘（岡山大学）

（1）ひきこもりの定義と関連概念

　日本でいち早くひきこもり研究に取り組んだ斎藤環教授は、最初の定義で「『社会的ひきこもり』とは、20代前半までに問題化し、6か月以上自宅にひきこもって社会参加をしない状態が持続しており、他の精神障害がその第一の原因として考えにくいもの。」としました。斎藤教授は、現在では、20代前半という年齢制限はもはや意味をなさないとして、その後、定義を修正しました。

　厚生労働省「ひきこもりの評価・支援に関するガイドライン」（平成22年）では、「様々な要因の結果として、社会的参加（義務教育を含む就学、非常勤職員を含む就労、家庭外での交遊）を回避し、原則的には6か月以上にわたって概ね家庭にとどまり続けている状態（他者と交わらない形での外出をしていてもよい）を示す現象概念。」とされ、なお、「ひきこもりは原則として統合失調症の陽性あるいは陰性症状に基づくひきこもり状態とは一線を画した非精神病性の現象とするが、実際には確定診断がなされる前の統合失調症が含まれている可能性は低くないことに留意すべき」とされています。

　これらを踏まえて、総社市では、ひきこもりの定義を「義務教育終了後であって、おおむね6か月間以上、社会から孤立している状態」と定めました。年齢の上限を定めなかったのは、①国の定義は「就労」が強く意識されていますが、「社会参加」の形は就労だけではないと考えたこと、また、②高齢者のひきこもり・閉じこもりについても関係機関と連携して対応していこうと考えたことからです。他方、義務教育段階を対象としなかったのは、総社市では平成22年度から学校や教育委員会の積極的な取り組みが行われていたため、卒業後の連携を図ることがかえって効果的と考えたからです。

　また、平成31年には上記定義を見直し、「中学校卒業後であって、おおむね6か月以上、社会から孤立している状態」としました。

図1　ひきこもり群の定義と推計数

	有効回収数に占める割合（%）	全国の推計数（万人）	
ふだんは家にいるが，近所のコンビニなどには出かける	0.40	15.3	狭義のひきこもり 23.6万人（注4）
自室からは出るが，家からは出ない	0.09	3.5	
自室からほとんど出ない	0.12	4.7	
ふだんは家にいるが，自分の趣味に関する用事のときだけ外出する	1.19		準ひきこもり 46.0万人
計	1.79		広義のひきこもり 69.6万人

（出典）内閣府（2010）「若者の意識に関する調査（ひきこもりに関する実態調査）」

（注）　1　15〜39歳の5,000人を対象として，3,287人（65.7%）から回答を得た。

　　　2　上記ひきこもり群に該当する状態となって6カ月以上の者のみを集計。「現在の状態のきっかけ」で統合失調症または身体的な病気と答えた者，自宅で仕事をしていると回答した者，「ふだん自宅にいるときによくしていること」で「家事・育児をする」と回答した者を除く。

　　　3　全国の推計数は，有効回収数に占める割合に，総務省「人口推計」（2009年）における15〜39歳人口3,880万人を乗じたもの。

　　　4　狭義のひきこもり23.6万人は，厚生労働省「ひきこもりの評価・支援に関するガイドライン」における推計値25.5万世帯とほぼ一致する。

出典：内閣府資料

（2）ひきこもりの実態

　平成22年2月に内閣府が行った実態調査「若者の意識に関する調査（ひきこもりに関する実態調査（以下、「内閣府調査」））では、15〜39歳の狭義のひきこもりは全国で23.6万人おり、準ひきこもりまで合わせた広義のひきこもりは推計69.6万人に上るとされました（図1）。これに対し、厚生労働省の調査では、ひきこもり状態にある世帯数は約25.5万世帯と推計されています。調査対象・方法・指標などが異なるため比較は難しいですが、内閣府の狭義のひきこもり推計人数と厚生労働省の推計世帯数はかなり符合しています。その5年後の平成27年の調査では、15〜39歳までのひきこもり者は、全国で推計54.1万人とされましたが、ひきこもり期間「7年以上」と回答した人が34.7%で、前回調査の16.9%に比べ倍増しています。ひきこもり状態の長期化傾向が顕著に表れています。40歳以上の者まで含めれば、相当な数に上ることは容易に予想できます。実際に支援の必要な人は、若年者に限られないことに留意すべきです。平成30年には国レベルで初めて40〜64歳までのひきこもり調査が行われ、全国で推計61.3万人と発表されました。この調査により、ひきこもりの高齢化・長期化が鮮明になりました。調査時期のずれはありますが、15〜64歳までの全国のひきこもり者は推計100万人をゆうに超えていることになります。統計学的手法を使わずに、平成28年に人口7万人弱の総社市に実際にどのくらいのひきこもりの人がいるのかを調査したところ、少なくとも207人の対象者がいることがわかりました。ただし、こ

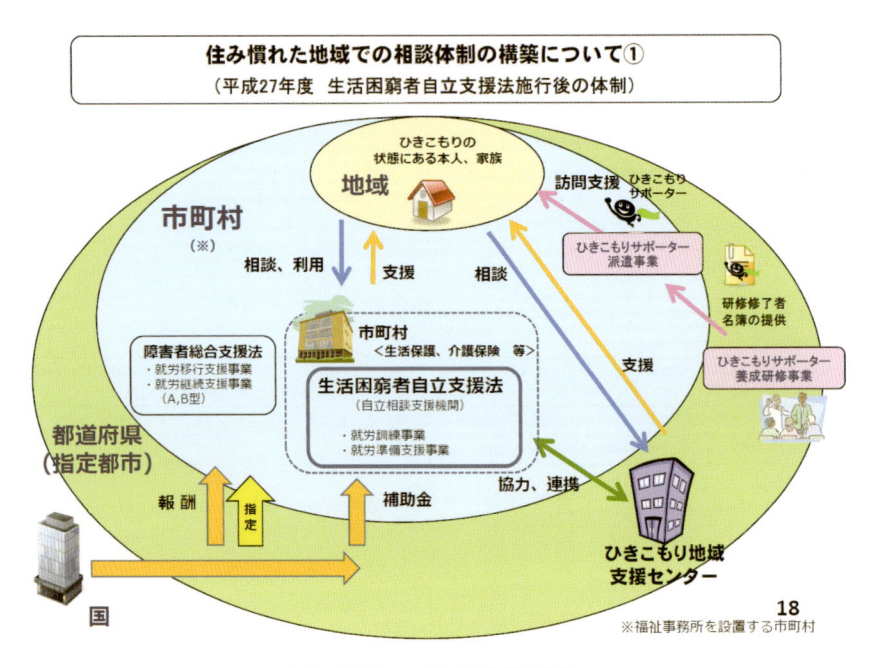

図2（出典：厚生労働省資料）

れは民生委員・児童委員への聞き取り調査により把握した数字で、総社市ひきこもり支援センター設置後の対応実績から見ると、もっと多くのひきこもり状態にある人がいることがわかっています。

（3）ひきこもり支援対策

　「ひきこもり」に焦点を当てた国の取り組みとしては、平成21年度以降、厚生労働省が「ひきこもり対策推進事業」を実施しています。これは、ひきこもり地域支援センター設置運営事業と（平成21年度から）、ひきこもりサポーター養成研修および派遣事業（平成25年度から）から構成されています。前者は、ひきこもりに特化した専門的な第一次相談窓口としての機能を有する「ひきこもり地域支援センター」を都道府県、指定都市に設置・運営する事業で、社会福祉士、精神保健福祉士、臨床心理士等ひきこもり支援コーディネーターを中心に、地域における関係機関とのネットワークの構築や、情報提供といった地域におけるひきこもり支援の拠点としての役割を担うことが期待されています。平成30年４月現在、当該事業の補助を受けたセンターは全国で75か所あります。後者は、ひきこもりの長期、高齢化や、それに伴

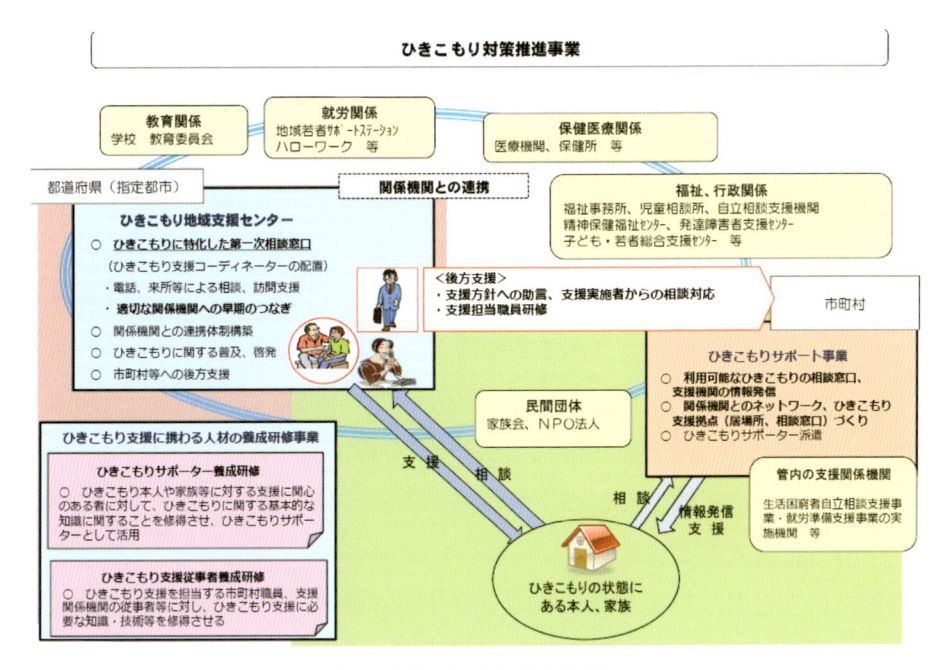

図3（出典：厚生労働省資料）

うひきこもりの状態にある本人や家族からの多様な相談にきめ細かく、かつ、継続的な訪問支援等を行うことを目的とする事業で、各都道府県、指定都市において「ひきこもりサポーター」（ピアサポーターを含む。）を養成し、地域に派遣し訪問支援等を行うものです。

　平成27年度からは、生活困窮者を包括的に受け止める自立相談支援事業の相談者の中にはひきこもりの問題を抱える人も含まれるとし、「ひきこもり対策推進事業」は、生活困窮者自立支援法に基づくその他事業として位置付けられました。自立相談支援事業の実施機関と「ひきこもり地域支援センター」との連携体制の構築と、事案の適切なキャッチボールが必要とされています（図2参照）。

　しかし、都道府県・指定都市単位で行われている「ひきこもり地域支援センター」も「ひきこもりサポーター養成」も、市町村に活用されているとはいえません。ひきこもり支援はコミュニティソーシャルワークの重要なテーマであり、地域福祉として取り組むべきところ、センターやサポーターと市町村との連携は実際には不十分です。サポーターを養成しても、その担い手は県庁所在地住民が中心になってしまいがちです。サポーターの生活域以外の地域に派遣され、当該地域や家庭の事情のわからないサポーターが支援に

入ってうまくいくでしょうか。制度設計どおり市町村が派遣を依頼し、効果があったという事例はあまり耳にしません。

そこで、総社市では、平成27年から検討を始め、平成29年4月に総社市ひきこもり支援センター「ワンタッチ」を開設しました。市の単独事業として、地域密着型のすべての市民を対象としたセンターの設置・運営とサポーター養成に乗り出したわけです。

その後、国も、市町村レベルでのひきこもり支援を強化するべく、平成30年度から、訪問支援等の取り組みを含めた手厚い支援を充実させるとともに、ひきこもり地域支援センターのバックアップ機能等の強化を図り、相互の連携を強化する「ひきこもりサポート事業」を行うこととなりました（ひきこもりサポート事業を見込んだひきこもり対策推進事業のイメージは図3参照）。

また、ひきこもり支援のネットワークの一部となる「地域若者サポートステーション（愛称：「サポステ」）」は、平成18年に厚生労働省のモデル事業が開始され、平成20年に本格実施されました。翌21年には対象年齢を引き上げ、現在では、15〜39歳までの若者に対し、キャリアコンサルタントなどによる専門的な相談、コミュニケーション訓練などによるステップアップ、協力企業への就労体験などにより、就労に向けた支援を行っています。サポステは、厚生労働省が委託した全国の若者支援の実績やノウハウがあるNPO法人、株式会社などが実施しており、「身近に相談できる機関」として、利用しやすいよう全ての都道府県に必ず設置されています（全国173か所）。

ただ、もともとニート（若年無業者）を対象とし、本人の自発的利用を想定していたため、ひきこもり状態の当事者に支援が行き届いていない面がありました。その後アウトリーチ型のモデル事業も行われましたが、ひきこもり者への就労を目標とした直接的アプローチには課題も多いといわれています。ひきこもり支援のネットワークの中でサポステの持ち味を生かしていくことが重要です。

ひきこもり支援そのものを目的としたものではありませんが、平成21年には「子ども・若者育成支援推進法」が制定され、ひきこもり支援もその中に位置付けられています。この法律では、基本理念の一つに、「修学及び就業のいずれもしていない子ども・若者その他の子ども・若者であって、社会生活を円滑に営む上での困難を有するものに対しては、その困難の内容及び程度に応じ、当該子ども・若者の意思を十分に尊重しつつ、必要な支援を行うこ

と。」（第2条第7号）が定められています。

　このように、ひきこもりの問題は当事者や家族の個人的問題ではなく、社会的課題として、国、自治体が一丸となってその支援に取り組んでいくという考えのもと、体制整備が進みつつあります。

<参考文献>
・斎藤環『社会的ひきこもり―終わらない思春期』（PHP研究所、1998年）
・斎藤環『「ひきこもり」救出マニュアル』（PHP研究所、2002年）

地域でできるひきこもり支援

ひきこもり支援等検討委員会

川上富雄（駒澤大学）

　本節では、ソーシャルワークの一つであるコミュニティワーク（地域援助技術／地域福祉推進技術）の方法論に照らしつつ、ひきこもり支援策の可能性について整理を試みます。なお、そもそもソーシャルワークは人と環境の接点に介入し調整を図る手法であり、コミュニティワークはそれを「地域において（at the community）」「地域によって（by the community）」実現する手法であり、精神科療法やカウンセリング等による施療的・治療的方法、あるいは生活習慣の修正や精神の鍛えなおしを図ろうとする等の教育的方法とは全く別のアプローチです。

（1）コミュニティワークとは

　コミュニティワークの定義はさまざまですが、簡単に言うと、「地域社会に共通する生活ニーズや生活課題に基づき、地域の人が主体となって解決に取

地域支援（コミュニティワーク）の展開過程

段階	内容	実践
Ⅰ 問題把握	・地域特性の把握 ・福祉水準、問題および社会資源についての基礎的把握	地域福祉推進にあたって、その地域の特性（気候条件、地理的条件、人口動態、産業構造、住民性、住民意識構造等）を把握し、福祉問題の予測、問題の背景、住民の考え方、態度の特徴を明らかにしておくこと前提となる。要援護者の実態、住民の抱えている福祉問題、福祉水準および社会資源（地域の諸機関、団体、専門家等）についての基礎的把握
	・社会的協働により解決をはかるべき問題の明確化とその実態の把握	既存資料の分析、新たな調査、活動・事業等を通じての把握。専門家の判断等により社会的に解決をはかるべき福祉問題を発見しその実態について多面的に明らかにする。
	・問題を周知し、解決行動への動機付けを行う	広報、話し合い、福祉教育等を通して問題提起し、自覚化と共有化を図り、解決しなければならない課題として動機づける。
Ⅱ 活動主体の組織化	・取り上げた問題に関連する機関や人々を活動に組み入れる	問題を抱えている人々、問題解決の努力をしている人々、関連する機関・専門家・団体に働きかけ、組み入れ、解決活動推進の主体を組織する。
Ⅲ 計画策定	・解決活動に動機づけられた問題をより明確にし、優先すべき課題を順序づけ、推進課題の決定を行う	問題の相互理解を深め、問題の深刻度、緊急度、広がりおよび住民の関心、地域や社会資源の問題解決能力、従来の活動や施策等の評価から何を推進課題として取り上げるか決定する。
	・推進課題実現のための長期・短期の具体的達成目標の設定	何を、どの水準にまで、いつまでに達成するのか、それは全地域を対象とするのか一部地域か、全員を対象にするのか一部か等を明確にし、長期・短期の目標として設定する。
	・具体的実施計画の策定	目標を実現するために誰が何を分担し、どのような資源を活用して実施するか、誰に働きかけるか、財政は、時期は、推進機関等を明らかにした具体的実施計画を関係者の共同計画として策定する。
Ⅳ 計画の実施	・計画の実施促進、住民参加の促進、機関・団体の協力の促進、社会資源の動員・連携・造成、社会行動（ソーシャルアクション）	広報、福祉教育推進等により動機付けや活動意欲を高め、住民参加・対象者参加を促進する。講師関係機関・団体・個人の連絡調整を行い、計画実施のための協力体制を強化する。 問題解決に必要な社会資源の積極的な活用連携を図る。さらに不十分であったり欠けている社会資源を新たに創設する。特にその設置、制定が国・地方自治体等の責任をもって実施しなければ困難な場合、要望、陳情・請願などの社会行動を行う。
Ⅴ 評価	・計画の達成度、および組織化活動についての評価	計画目標の達成度の点検、効果測定を行う。 活動の進め方、住民の参加、機関・団体の協力について評価する。 目標や計画そのものの評価を行う。 全過程の総括を行い課題を整理する。

（高田・加納他『コミュニティワーク』海声社1984より要約引用）

図1

り組む力を発揮できるように側面的に援助する技術で、地域診断、社会サービスの開発、地域組織のコーディネート、機関や組織の連絡調整など、住民組織や専門機関などの活動支援を行う」（神奈川県社会福祉協議会市町村社協部会2013年）技術ということができます。

　また、コミュニティワークの機能は、①地域の調査・診断 ②福祉ニーズと社会資源間の連絡・調整 ③地域住民や福祉関係者の学習・訓練 ④福祉問題を直接担う当事者や住民の組織化と支援 ⑤広報などによる情報提供 ⑥福祉サービスなどの企画と開発 ⑦ソーシャルアクション（社会活動）⑧地域福祉計画を立案の8つがあるとされています。（岡本栄一の整理による／松永俊文他編著『現代コミュニティワーク論』中央法規2002年）

　コミュニティワークの展開過程は、図1の通りですが、ひきこもり支援の流れをそれにあてはめると、「ひきこもり」という地域課題を多角的に把握・分析し、その過程で上記の機能で解決できるかどうかを検討しつつ、人を集め、（ひきこもり本人や家族などの当事者、ボランティアなど支援者、ひきこもり支援に関わる行政・教育・NPOその他関係機関団体など支援組織等の組織化を進め）、問題解決の目標（どれくらいのひきこもりの人たちにどうなってほしいのかというゴール）と計画（目標達成のための具体的推進策の5W1H）を立案し、実施に取り組むという流れになります。また、何年か後（＝計画終了年）に、目標達成がどれだけ図れたかを振り返り評価し、反省点を次の計画に反映するという流れになります。

　コミュニティワークは単体の援助技術として展開されるわけでなく、個別具体の課題解決を図りながら同時並行的に展開されるものです。そもそも地域課題は個別課題の集合体ですので、問題意識の出発点は個別ニーズとの出会いから始まるといえます。「こんなニーズを持つ人がいた。同じような困り事を抱えている人がこの地域にはもっといるはずだ」という仮説からコミュニティワークに広がっていきます。この個別支援・個人への働きかけをソーシャルワークのミクロアプローチと呼び、これに対し、地域支援をメゾ・マクロアプローチと呼びます。これらの相互関係と援助展開の流れをフローチャートにまとめたものが図2です。個別ニーズ解決に向けた個別支援を展開しつつ、並行して、そのニーズを地域ニーズへと普遍化し、地域ニーズの質と量を地域アセスメントによって確定させ、地域で行える支援方策を考え計画課としてまとめ、住民への福祉教育実践（啓発・呼びかけ）、地域組織化、

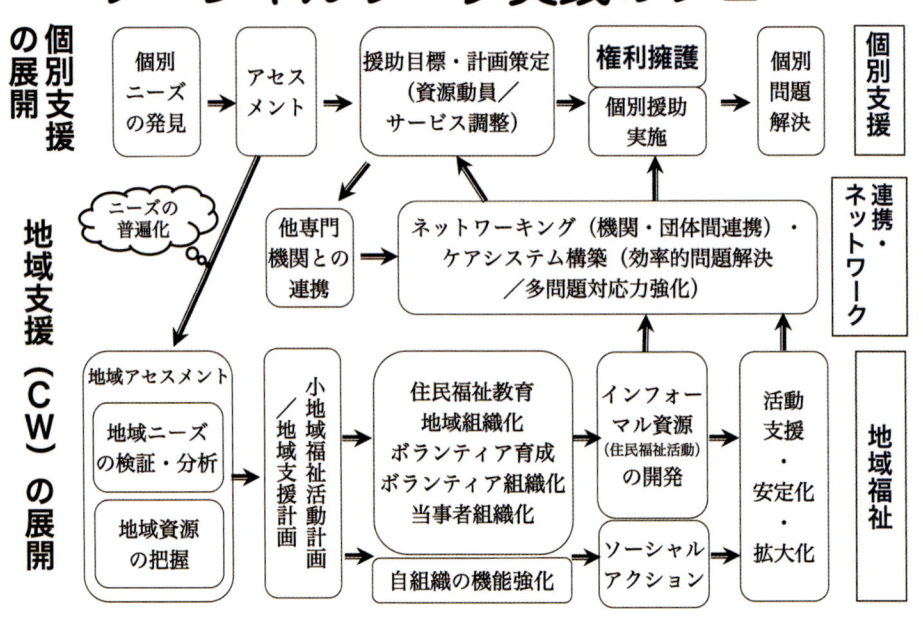

ソーシャルワーク実践のフロー

図2

ボランティア育成・組織化、当事者組織化（本人・家族会）などに取り組み活動主体の組織化を行い、課題解決のためのさまざまな支援活動へと派生させていくことになります。

　図2および図3を例に、コミュニティワークで取り組まれるインフォーマル資源をひきこもり支援に引き付けて考えると、

　①ひきこもりの方々への協力者等による見守り・話し相手活動

　②サロンやカフェのような気軽に集まれる場でのグループワーク

　③そうした場から当事者組織化への派生

　④ソーシャルアクション（社会への発信や制度要望）

　⑤ボランティア活動や社会貢献的な活動、あるいは生きがいにつながる軽
　　微な就労活動

など、さまざまに広がっていきます。こうしたひきこもり支援も単線的思考ではなく、ひきこもりの方がボランティアになって子どもの学習支援を行ったり高齢者サロンの運営に参画するなど、他の地域課題解決との一体化を図ってもよいでしょう。

　これらの支援はさまざまな公的機関・民間組織・専門職・民生児童委員・

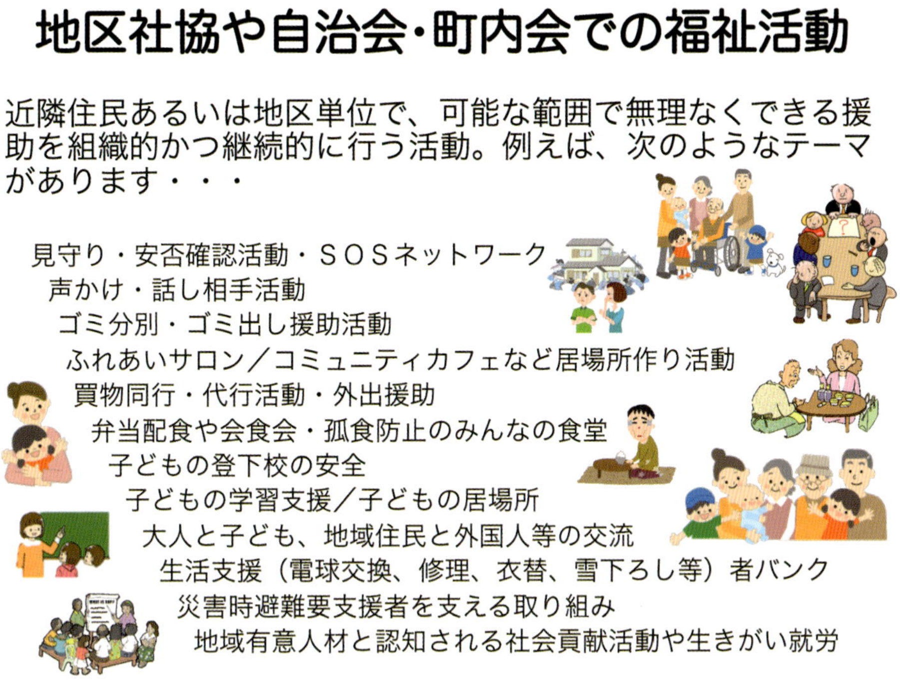

地区社協や自治会・町内会での福祉活動

近隣住民あるいは地区単位で、可能な範囲で無理なくできる援助を組織的かつ継続的に行う活動。例えば、次のようなテーマがあります・・・

見守り・安否確認活動・ＳＯＳネットワーク
　声かけ・話し相手活動
　　ゴミ分別・ゴミ出し援助活動
　　　ふれあいサロン／コミュニティカフェなど居場所作り活動
　　買物同行・代行活動・外出援助
　　　弁当配食や会食会・孤食防止のみんなの食堂
　　　　子どもの登下校の安全
　　　　　子どもの学習支援／子どもの居場所
　　　　　大人と子ども、地域住民と外国人等の交流
　　　　　　生活支援（電球交換、修理、衣替、雪下ろし等）者バンク
　　　　災害時避難要支援者を支える取り組み
　　　　　地域有意人材と認知される社会貢献活動や生きがい就労

図3

協力ボランティア・近所などのチームワークによって取り組まれます。支援の形によっては福祉の枠を飛び出す連携を図る必要もでてくるでしょう。当事者組織が自助互助的に支援し合える組織に成長する可能性もあります。これら全体像をソーシャルワーカー／コミュニティワーカーはコーディネートしつつ支援展開していきます。

　1997〜2000年の社会福祉基礎構造改革以降、社会福祉の理念・目標・考え方は、「弱者に手を差し伸べ、保護・救済する」という憲法25条「生存権」に依拠した制度適用型の最低生活保障という概念から、「個人の尊厳が尊重され地域で主体的に自立生活を送る」ことを支えるに留まらず「一人ひとりが生きがいを持って暮らせる自己実現保障」をするという憲法13条の「幸福追求権」に依拠する概念となっています（社会福祉法第3・4・5条）。そして、その多種多様なニーズを官公私民あらゆる主体が参加・役割分担し支え合う福祉へと拡大・転換しています。「ひきこもりと呼ばれる要援護者」を保護・救済する発想ではなく、ひきこもっている人一人ひとりの人生の豊かさを取り戻すお手伝いをさまざまな人たちの力を合わせながらソーシャルワーク／コミュニティワークで展開していく必要があります。

基礎自治体の役割と
ひきこもり支援に取り組む意義

総社市役所　保健福祉部　福祉課

　社会福祉法では、「福祉サービスの利用者の利益の保護及び地域における社会福祉の推進を図るとともに、社会福祉事業の公明かつ適正な実施の確保及び社会福祉を目的とする事業の健全な発達を図り、社会福祉の増進に資すること」が目的として定められています。この社会福祉法は、生活保護法、児童福祉法、母子及び父子並びに寡婦（かふ）福祉法、老人福祉法、身体障害者福祉法及び知的障害者福祉法に定める援護、育成又は更生の措置に関する事務を行う福祉事務所を市に設置することとされており、総社市においても法に基づき福祉事務所を設置し、社会福祉及び社会保障に関する事務を行っています。

　また、福祉事務所には、生活困窮者自立支援法により、自立相談支援事業等を行うことが義務付けられていますが、法の対象となる生活困窮者として、生活保護受給者以外の生活困窮者であり、失業者、多重債務者、ホームレス、ニート、ひきこもり、高校中退者、障がいが疑われる者、矯正施設出所者など、さまざまな人たちが考えられると列記したうえで、こうした複合的な課題を抱え、これまで「制度の狭間（はざま）」に置かれてきた人たちへの対応が重要だとしています。

　さらに生活困窮者自立支援制度には、任意事業のメニューとして、平成30年度から新たに「就労準備支援・ひきこもり支援の充実」に、訪問支援（アウトリーチ）等による早期支援の実施、ひきこもり地域支援センターのバックアップ機能の充実等が13億円の予算規模で拡充されています。これらの事業は、これまで都道府県もしくは指定都市という広域で実施されてきたひきこもり地域支援センターから、より住民に身近な市町村でのひきこもり支援の充実・強化のために予算化されたものであり、国もひきこもり支援の重要性を認識し、支援施策を推進しようとしているものであると考えられます。

　しかし、そもそも行政がひきこもり支援に取り組む根拠は、日本国憲法第13条「すべて国民は、個人として尊重される。生命、自由及び幸福追求に対する国民の権利については、公共の福祉に反しない限り、立法その他の国政の上で、最大の尊重を必要とする。」（幸福追求権）や第25条「すべて国民は、健康で文化的な最低限度の生活を営む権利を有する。」（生存権）を前提とし、さらに地方自治法第1条の2「地方公共団体は、住民の福祉の増進を図ることを基本として、地域における行政を自主的かつ総合的に実施する役割を広

く担うものとする。」等から住民に身近な市町村が積極的に取り組むべき課題であることに依拠しているととらえられます。

　これまで「ひきこもり」は、当事者の「自由な意思」による行動だと考えられがちであったかもしれませんが、その実態をとらえると「ひきこもり」の多くが「追い込まれた」結果の行動であることが、近年ようやく明らかになってきました。しかも各種の課題が重複しやすく、悪循環に陥りやすいこともわかってきました。

　これらのひきこもり状態にある方は、本来であれば、就労し、所得を得て、地域消費を支え納税者となり得る可能性のある方です。これらの方が社会参加することで、経済の活性化につながることが期待できます。さらに、本来であれば、生きがいを見つけ、地域コミュニティの一員として、その主役になり得る方でもあり、地域に活力をもたらす大切な存在であると考えられます。このように、ひきこもりという状態像は、行政にとって解決すべき重要な課題であることは明白です。ただし、ひきこもり支援の目標が全て就労というわけではないことは無論であります。

　このように、基礎自治体が身近な地域でひきこもりという課題へ挑戦し、当事者やその家族に寄り添い、根気強く支援し、社会参加への道を切り開いていくことに、行政として全面的な支援を行っていくことは極めて有意義であると考えられます。

（注）ひきこもり支援・総社のあゆみ〜の一部を引用しています。

第2章

ひきこもりの
とらえ方

ひきこもりの背景要因

ひきこもり支援等検討委員会

周防　美智子（岡山県立大学保健福祉学部）

　一般的に、ひきこもりという言葉は、対人関係の問題や不登校、就労の問題（失業やリストラ、転職）がきっかけで、長期間自宅から出られない状況の時に使われています。しかし、ひきこもりをどのようにとらえるかということは、とても難しいことです。なぜならば、ひきこもりに至る要因は人によってさまざまで明らかでないことが多いからです。たとえば、ストレスの感じ方が人によって異なるのと同じように、ひきこもりに至る要因を限定することはできません。また、ひきこもりの概念は、精神保健・医療・福祉・心理・教育などさまざまな領域によって少しずつ異なり、明らかでないところがあるからです。しかし、ひきこもりという現象は、限られた子どもや大人に表れるものではなく、子どもから成人・高齢者までの広い年齢層に表出される社会現象であることは明らかです。したがって、ひきこもりを、ある特定の疾患や障がいに伴う臨床像（症状）としてのみとらえるのではなく、個人の心の状態（不安、落ち込み、無気力、自信喪失、自責感、恐怖感など）やさまざまな要因（疾患、発達、いじめ、災害、転校、不登校、転職、失業など）や環境（家庭、園・学校、職場、地域など）が相互に作用し表れるものとしてとらえ、理解すべきでしょう（図1）。

　すなわち、**ひきこもりは、本人や家族だけの要因だけで起こる状態ではなく、心の状態やさまざまな要因、環境が相互に影響して表れる現象であるということです。決して、本人や家族のせいで起きている状態ではありません。ひきこもりの状態を正しく理解することが支援につながっていきます。**

　本章では、ひきこもりの理解を深めるために、厚生労働省の『ひきこもりの評価・支援に関するガイドライン』（2010年）におけるひきこもり定義をもとにとらえていくことにします。ガイドラインにおいて「様々な要因の結果として社会参加（義務教育を含む就学、非常勤務を含む就労、家庭外での交遊など）を回避し、原則的には6か月以上にわたって、概ね家庭にとどまり続けている状態（他者と交わらない形で外出してもよい）を指す現象概念である。」としています。

　定義には、2つの特徴が見られます。それは、「子ども」と「社会参加」という観点です。そこには現代社会の状況が映し出されています。

いじめ・不登校・転職・失業・疾患など

不安・落ち込み・無気力・恐怖感・自責感など

家庭や学校・職場・地域などの環境

ひきこもり（状態）

図1　ひきこもりが表出される構造

　ひきこもりの対象を義務教育や高校卒業以上の青年期とせずに、「子ども」という観点が用いられた背景には、社会問題である不登校があります。また、**「社会参加」の有無がひきこもりの観点**となっています。すなわち、ひきこもりは、ほとんど家庭から出ない生活を続け、直接他者と交流するような社会参加をしないということとしています。現在は、人と会話や交流をせずに生活しようとすればできる社会です。たとえば、コンビニエンスストアに行き、店員と現金のやり取りをしなくてもカードで支払えば買い物を終えることができます。また、インターネットの普及によって、人と出会わなくてもやり取りができ、他者と一緒にゲームもできます。このような社会だからこそ、あえて直接他者と交流することの「社会参加」が重要視されています。

　ガイドラインでのひきこもりの定義をまとめると、①6か月以上社会参加していない、②外出していても対人関係がない場合、③非精神病性の現象で

ある、ということになります。しかし、この３点が存在しても、全ての方が
ひきこもりであるとはいえません。例えば、療養のため学校に行かず、また
は仕事に就かず長期において家庭から出られない場合などはひきこもりとは
いえません。また、本人の意思で学校に行かず、仕事に就かず家庭にいるこ
とが多くても、外出し友達と交流したり、趣味の活動に参加し人と交流する
場合もひきこもりとはいえません。

　ガイドラインのひきこもり定義は、ひきこもりとはどのような状態である
かを示すものです。そのため、**ひきこもりの状態理解と同時に、ひきこもり
が表れる背景や要因を理解することが重要となります。**そこで、以下におい
て、ひきこもりの背景要因について、詳しく述べていきます。

社会的背景

　ひきこもりに影響する要因の一つに社会的背景があります。ここでは、日本の経済と労働環境について考えていきます。厚生労働省『2017年労働安全衛生調査（実態調査）』において、現在の仕事や職業生活に関することで、強いストレスとなっていると感じる事柄がある労働者の割合は58.3％となっています。強いストレスの内容をみると、「仕事の質・量」が62.6％と最も多く、次いで「仕事の失敗、責任の発生等」が34.8％、「対人関係（セクハラ・パワハラを含む。）」が30.6％となっています。実際には多くの職場で心の健康問題で休業している労働者の割合が身体の健康状態による休業に比べ増加している現状です。

　わが国は、1991年のバブル経済の崩壊以降、労働市場、企業の人事、就労状況など労働者を取り巻く環境は激変しています。日本経済は深刻な長期不況に陥りました。金融機関がバブル期に行った過剰な融資により、会社は倒産したり、借金が返済できなくなり、企業の合併や買収、不採算部門を切り捨て利率の高い事業への転換ということが行われました。その結果、今まで働いていた職場が無くなったり、リストラが行われ、終身雇用という日本の雇用システムが大きく変わり、失業率もはねあがりました。さらに、企業が採用を削減したことから就職難が深刻化し就職氷河期を招くことになりました。このような背景から有効求人倍率は1993年から2005年まで１倍を下回り、バブル期に比べて、新卒者が困難な就職活動を強いられ、フリーターや派遣労働といった社会保険の無い非正規雇用（プレカリアート）になる者が増加し、雇用状態に変化が生じてきました。

　雇用状況とともに労働環境も大きく変化しました。バブル崩壊により、企業が年功序列型の賃金制度を維持できなくなり成果主義の考え方が導入されました。「成果主義」とは、仕事の成果に応じて給与や昇格を決定する人事制度のことです。反対に仕事で成果を上げることができない場合、給与アップや昇格は望めません。すなわち、成果で労働者の処遇に差をつけることが起こります。それは年功序列とは異なり、労働者一人一人を公平に評価することができ、やる気と実力のある労働者のモチベーションを上げることになります。しかし、評価を気にするあまり、個人プレーに走ってしまい、自分の成果を高く評価してもらうために、成果を自分だけのものにしたい気持ちが働き、労働者同士による足の引っ張り合いや評価に対する不満や不公平感が広がり組織の連帯感やモチベーションが失われる場合があります。また、目

先の成果だけを追求し人材育成が軽視されたり、企業が人件費抑制の目的に乱用するといった課題も見受けられます。また、わが国の社会問題でもある長時間労働の課題があります。労働時間については、労働基準法では週40時間を超えて労働ができる時間外労働の上限は原則として月45時間、かつ、年360時間とすること、としています。2017年9月29日に発表された労働経済白書『2017年版 労働経済の分析』によると、92.6％の企業が所定外労働時間の削減に向けて取り組んでいます。しかし、取り組みを実施している企業のうち、実際に「短縮された」と効果を実感している企業は52.8％に留まっているのが現状です。総務省統計局（2016年1月）の『労働力調査』では「週49時間以上」の労働をしている就業者の割合は2005年の28.1％から徐々に減少し、2015年には20.8％まで下がってはいますが、労働者の5人に1人（男性は3人に1人、女性は10人に1人）は週49時間以上の時間外労働をしていることになります。長時間労働者の割合を欧米諸国と比較（2015年）したものでは、日本は20.8％へと減少したものの、アメリカは16.4％、イギリス12.3％、フランス10.1％、ドイツ9.6％、スウェーデン7.3％であり、欧米諸国と比べると、長時間労働者の割合は今なお高いことがわかります。これは労働者の生活の乱れだけでなく、短時間睡眠による心身の不健康、ストレスや離職につながりかねない課題といえます。そして、仕事の内容にも変化が見られ、産業構造は第2次産業から第3次産業へと移りました。すなわち、コミュニケーションを必要とするサービス業の需要が増えてきています。そのことから、対人関係に不慣れな若者の不適応が目立つようになっています。以上のような労働環境の変化だけでなく、職場の人間関係にも変化が生じてきました。現在は、コンピューターや情報通信社会となり、顔を合わせてのコミュニケーションが減少の傾向にあり、職場における対人関係の希薄化、孤立化が進み出しています。そのため、職場の悩みや困り感を相談できる身近な同僚がいないという問題が起きています。

　社会的背景として、現在の労働環境について述べてきましたが、雇用状態や働き方の変化、成果主義の導入による人事評価の変化、同僚、対人関係の変化などにより、わが国の労働環境は、決して働きやすい環境とはいえません。先に述べたように、仕事や職業生活に関することで、強いストレスとなっていると感じる労働者は約6割です。**労働環境の変化に適応できず、強いストレスが生じたときに休業せざるを得なくなったり、場合によってはひき**

こもり状態に陥ったりということが起こります。実際の事例ですが、学生時代は社交的で、周囲に配慮しながらリーダーとして活躍していた人が、就職はしたものの職場の成果主義の中で、人間関係よりも個人の成果を重視する環境になじめず、転職を繰り返し職場環境に適応しようと試みたものの、就職氷河期も相まって失業し、意欲や自信をなくし、人への不信感も高まり、ひきこもり状態になった男性がいます。この事例では、まさに個人の要因だけでなく、労働環境要因やさまざまな要因が複雑に絡み、ひきこもり状態が起こったといえます。社会的自立という点では、労働環境はひきこもりに影響する大きな要因だと考えられます。

　首相官邸のホームページにおいて働き方改革の実現が記載されています（2016年）。「働き方改革は、一億総活躍社会実現に向けた最大のチャレンジ。多様な働き方を可能とするとともに、中間層の厚みを増しつつ、格差の固定化を回避し、成長と分配の好循環を実現するため、働く人の立場・視点で取り組んでいきます。」というものです。そこには、わが国の労働制度と働き方にある課題が示されています。正規、非正規の不合理な処遇の差が頑張ろうとする意欲をなくしていること、長時間労働により健康の確保だけでなく仕事と家庭生活との両立を困難にしていること、単線型の日本のキャリアパスによって、ライフステージに合った仕事を選択しにくいこととしています。働き方改革によって、労働者の心身の負担の軽減と健康保持、そして、それぞれの個人を重視した労働環境の改善が図られることを期待するところです。

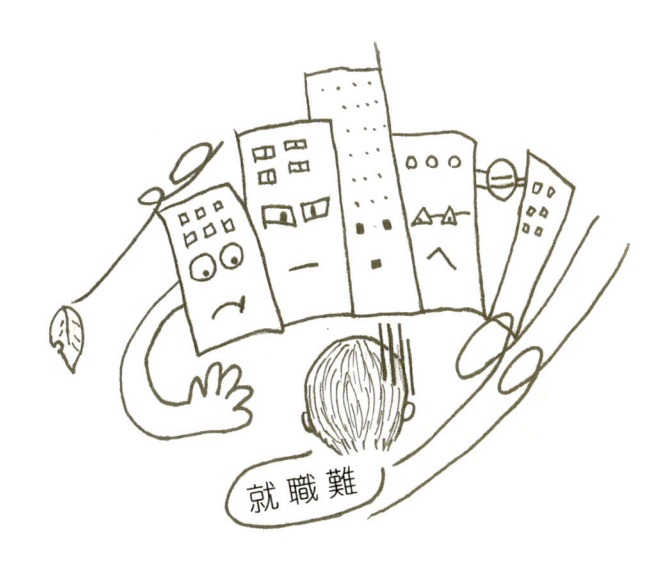

不登校とひきこもり

『ひきこもりの評価・支援に関するガイドライン』において、ひきこもりの対象に「子ども」という観点が用いられた背景にある不登校について考えていきます。不登校について文部科学省は「何らかの心理的・情緒的・身体的・あるいは社会的な要因・背景により児童生徒が登校していないあるいはしたくともできない状況にあるため年間30日以上欠席した者のうち、病気や経済的理由によるものを省いたもの」と定義しています。定義の内容は、ひきこもりの定義に見られる共通要因や背景が含まれています。また、登校していないあるいはしたくともできない状況としているように、状態を表す言葉です。以前から、学校不適応から不登校状態になる児童生徒に対しさまざまな対策が考えられてきましたが、現在でも不登校児童生徒は増加傾向にあります。不登校は、小・中学生において1997年度に10万人を超え、それ以降増加の傾向をたどっています。少子化で小・中学生の数が減少しているにもかかわらず2017年度は14万人強と過去最高となってしまいました。高校生においては減少したものの5万人弱の不登校がいます。不登校になったきっかけは学習の課題、対人関係、いじめ等だけでなく、なんとなく行かなくなったという場合もあります。小・中学生の不登校の要因をみると、「不安の傾向がある。33.2%」と高く、続いて「無気力の傾向がある。29.9%」、「学校における人間関係に課題を抱えている。16.5%」となっています。高校生においては、「無気力の傾向がある。31.9%」と高く、続いて「不安傾向がある。27.0%」、「学校における人間関係に課題を抱えている。17.4%」となります。また、発達障がいのある児童生徒が周囲との人間関係や学習につまずき、学校環境への不適応等をきっかけに不登校に至ることもあります。

　不登校の原因については、不登校児童生徒の要因、家族の要因、学校側の環境要因が考えられます。例えば、不登校の要因のひとつである「不安傾向がある。」では、子どもが親や家庭から離れて登校することの不安だけでなく、親が子どもと距離を置くことができず、子どもが登校することに対する不安が子どもに影響を与え登校できなくなる場合もあります。一方で、学校側の環境要因は不登校にどのような影響を与えているのでしょうか。周囲の児童生徒からの暴力やいじめが原因で不登校に至る事例がしばしば報告されています。また、暴力行為や衝動的な行動などの増加、情緒的に不安定な子ども、希薄な対人関係やコミュニケーションの低下、児童生徒の対応に追われる教員という学校環境で、不安やストレスを抱えている児童生徒も少なくありま

せん。実際に不登校の児童生徒の状況をみると、不登校の原因は、個人や家族、学校の要因のどれかのみで生じていることはなく、それぞれの要因が複雑に絡み合っていることが多いと思われます。

　しかし、不登校のとらえ方をさかのぼってみると、現在のような個人や家族、学校のさまざまな要因が絡み合っているというとらえ方ではありませんでした。社会の不登校理解は、その時々において変化してきました。まず、現在の不登校という用語が使用されるのは1991年以降で、それ以前は学校恐怖症や登校拒否といわれた時期があります。本章では、学校恐怖症や登校拒否が使われた時期も含め、不登校とします。受験戦争という言葉が使われた1970年代は優等生の息切れとして不登校理解が始まりました。1980年以降は、学校に行かないだけで普段の様子は同じであることから、不登校を成熟の準備期間であると理解し、成熟を待つための居場所づくりが始まりました。そして、そのころ教育現場の対応として言われていたのが「登校刺激をしない」でした。しかし、さまざまな対応を駆使しても減少しない不登校に対し、文部科学省の『不登校問題に関する調査研究協力者会議（2003年）』は、「子どもを放って置くことで状況は改善しない」として教師らが学校復帰へ向けての働きかけることの重要性をうたった報告書骨子案をまとめました。そこで、これまでの不登校に対する対応や援助を見直そうという流れに変わり出

しました。そして、2016年『不登校児童生徒への支援に関する最終報告：文部科学省』において、支援の目標を「不登校児童生徒への支援の目標は、児童生徒が将来的に精神的にも経済的にも自立し、豊かな人生を送れるよう、その社会的自立に向けて支援することである。その意味において、不登校児童生徒への支援は、学校に登校するという結果のみを目標にするのではなく、児童生徒が自らの進路を主体的にとらえて、社会的に自立することを目指すことが必要である。」とし、学校登校を目標ではなく社会的自立を目標とした支援の展開を明らかにしています。以上のように不登校のとらえ方の変化に伴い、支援の目標も変化しています。

　齋藤（2002）bは、不登校の定義として①大抵は遷延化（せんえんか）した欠席状態に至るほど深刻な登校の困難さを示している。②登校を予測した際に深刻な情緒的混乱（過剰な恐怖、はなはだしい癇癪（かんしゃく）、苦悩、器質因のない身体的愁訴など）。③登校すべき時間に親も承知の上で家庭にとどまっている。④盗み、嘘（うそ）、放浪、破壊的行動などの深刻な社会性障がいが存在しないとして、病名や疾患概念とは異なり状態像に対する名称だと述べています。同様に齋藤は、ひきこもりの定義についても、病名や疾患概念とは異なり状態像に対する名称だとして、①6か月以上自宅にひきこもって社会参加しない状態を持続している。②統合失調症などの精神病ではないと考えられるものとし、さらに「社会参加しない状態とは、学校や仕事に行かないまたは就いていないことを表す」とし、不登校とひきこもりの共通点を述べています。文部科学省が報告する『児童生徒の問題行動・不登校等生徒指導上の諸課題に関する調査結果について』と内閣府報の報告する『ひきこもり調査』とを関連付けることができれば、不登校とひきこもりの関連が明らかになるのですが、2つの報告を関連付けることは難しく、また『ひきこもり調査』については、推計値であって正確なデータがつかめていないのが現状です。

　しかし、不登校とひきこもりは明らかに関係があると考えられます。不登校の経緯を考えたとき、学校に行けないもしくは行かない時期が長く続き、その後社会参加に至らずひきこもる状態が続いた場合は、状態の変化からひきこもりと言い換えることができます。もちろん不登校の児童生徒のすべてがひきこもりになるわけではありません。古荘（2006）は、不登校児童の3／4は再び通学可能になるか、卒業後社会に出ていくことが期待されると述べています。しかし、不登校が長期化しその後社会参加が果たせず、ひきこ

もりの状態が遷延化(せんえんか)する場合も少なくないことを意味しています。不登校児童生徒を追跡した研究では、中学時代の不登校生徒の入院事例の10％弱が20代でひきこもりになっていることが明らかにされています（齋藤、2000）。不登校である全ての児童生徒が、医療につながっているわけではありませんが、高い比率でひきこもりが表れていることが推測されます。

　また、不登校状態の児童生徒の心理状態は、「学校に行くか行かないか」という葛藤から腹痛や頭痛などの身体症状を起こしたり、通学への強いこだわりや罪悪感、不安や焦燥感、両価的な気持ちと行動（行かなければならないと行きたくない、劣等感と特権意識、甘え・退行と虚勢・暴力的など）、学校の話題が出ることの緊張感（逃れるための睡眠時間が長くなり、昼夜逆転、テレビ、ゲームなど）が見られます。**不登校状態の葛藤が慢性化することで、ひきこもりの状態が起こることもあります。**

　増加傾向にある児童生徒の不登校を、就学時期の子どもの課題としてとらえるだけではなく、ひきこもりへのリスクがあることも視野に入れていれていくことが大切です。

発達障がいとひきこもり

　近年、よく耳にする発達障がいですが、ひきこもり状態を表す人の中には、発達障がいが関連している場合も少なくありません。発達障がいと聞くと、「子どもに現れる症状」ととらえている人が多いかもしれませんが、大人になってから顕在化することも少なくありません。大人の発達障がいは、本人だけでなく周囲にも気づかれにくく、本人の性格や個性などで片付けられるところがあり、頑張りが足りないとか努力不足と思われがちです。人によっては、子どもの時の症状が大人になっても継続している場合もあります。例えば、**発達障がいによるコミュニケーションの未熟さや不安や緊張傾向が影響して、学校や職場などの環境に適応しづらさが生じることがあります。また、感情や情動の内面コントロールが難しく、些細なことで不安定になったり、落ち込んだり、無気力になりやすかったり、自己評価が低く、劣等感や被害感情を抱きやすいということもあります。ストレス耐性が弱く、不利な環境に対して反応を起こしやすいところもあります。学習や認知（物事の見方、考え方）に課題がある場合は、学習不振や職場における業績不振につながりやすいということがあります。このような、発達障がいの特性が就学期や就労期の生活に影響し、不登校や転職の繰り返し、未就労に至ることがあります。**

　発達障がいとは、対人スキルや社会性に問題のある自閉症スペクトラム障がい（ASD）、注意力に欠け、落ち着きがなく、ときに衝動的な行動をとる注意欠陥・多動性障がい（ADHD）、読む・書く・計算などの特定の能力の習得に難しさがある学習障がい（LD）などの総称です。発達障がいは生まれつきの特性で、脳の発達が通常と異なるため、成長に伴って発達する言葉や社会性、感情のコントロールなどが未熟もしくはアンバランスな発達をします。そのため、日常生活や他者との関わり、学業などに影響が出て、本人は「生きづらさ」を感じ、親は「育てにくさ」を感じることがあります。他方で、優れた能力が発揮されている場合もあり、周りから見てアンバランスな発達の様子が理解されにくい障がいともいわれています。非進行性の障がいであることから、脳の発達に伴い障がいの程度や内容は変化（症状が目立ちにくくなるなど）していきます。重要なこととして、環境に適応できず日常生活や社会生活に不適応を起こしやすいことです。文部科学省が2012年2月から3月までにかけて全国（岩手、宮城及び福島の3県を除く。）の公立の小学校及び中学校の通常の学級に在籍する児童生徒を対象として実施した『通常の学級に在籍する発達障害の可能性のある特別な教育的支援を必要とする児童

生徒に関する調査』の結果では、学習面又は行動面で著しい困難を示すとされた児童生徒の割合は6.5%（推定値）となっています。

（１）自閉スペクトラム症
　　　（Autism Spectrum Disorder：ASD）

　自閉症スペクトラム障がいは、社会生活をするうえで必要とされる３つの能力に課題がある場合が多いといわれています。３つの能力とは、会話を通して意思を伝える能力（コミュニケーション力）、他人の心を想像する能力（想像力）、他者との関係をつくる能力（社会性）です。報告によって異なりますが、頻度は0.1〜0.5%で男性に多いといわれています。

【ASDの特徴】
・視線が合いにくく、表情を適切に使いこなせない。
・年齢相当の仲間関係ができない。
・明文化されていないルール、その場の雰囲気を理解することが難しい。
・行間を読むことができず、言葉通りに受け取ってしまう。質問内容によっては、わからないことがある。
・他者の視点を想像するのが難しく、場にふさわしくない行動を取ってしまう。
・言ってはいけないことを悪意なく言ってしまう、一方的にしゃべるなど会話を継続することに支障がある。
・同じ言葉を何度も繰り返す（エコラリア）、言葉の抑揚がない。
・興味の偏り・執着（時刻表などを教えてもいないのに丸暗記するなど）がある。
・変化（決まった道順などに執着し、融通が利かない、自分のやり方、ルールにこだわる）を極端に嫌う。
・常動的あるいは反復的な行動（手・指を振る、ぴょんぴょん跳ねる、身体を前後にゆするなど）が見られる。
・感覚が過敏・鈍感など偏りがある（特定の音を嫌う、偏食など）。
・予想していないことが起きると何も考えられなくなり、パニックを起こすことがある。

・過去の嫌な場面のことを再体験してイライラしやすい。

　など、対人や環境間での不適応、ストレス反応が強く、環境から逃れ社会参加を避けるようになる場合があります。そのため、不登校やひきこもりなどになることもあります。

（2）注意欠如・多動症
（Attention deficit hyperactivity disorder：ADHD）

　注意欠陥・多動性障がいとは、精神年齢に比して不注意（集中力のなさ）、多動性（落ち着きのなさ）、衝動性（順番待ちができないなど）の３つの特性を中心とした発達障がいのことを指します。不注意とは、集中力が持続せず、継続的に一つの物事に取り組むことができないことです。周囲の人からすると、すぐに物事を投げ出してしまうように見えますが、決して本人の理解力が乏しいとか反抗心などによるものでもありません。衝動性とは、どのようなことが生じうるかあまり深く考えずに、すぐに行動に移す傾向のことです。気になるものが目に入ると、危険をかえりみずに突然道路に飛び出してしまったり、相手のことを考えずにパッと思いついた言葉を発して他者を傷付けてしまったりすることも起こりえます。多動性とは、じっとしていることができずに、絶えず動いている状態のことです。たとえば、授業や会議の間、落ち着いて椅子に座って聞き続けることが困難であったり、じっとしていられず貧乏ゆすりを繰り返したりします。報告によりその頻度は２〜７％で、男性の比率が高いといわれています。周囲からは、努力すれば克服できる、努力が足りないなど思われることがあり、生活や対人関係による失敗体験や被叱責体験によって、適応障がいや不安、自己肯定感が下がることもあります。

（3）学習障がい（Learning Disabilities：LD）

　学習障がいとは、基本的には全般的な知的発達に遅れはなく、聞く、話す、読む、書く、計算する又は推論する能力のうち特定のものの習得と使用に著しい困難を示すさまざまな状態を指すものです。視覚障がい、聴覚障がい、知的障がい、情緒障がいなどの障がいや環境的な要因が直接の原因となるものではありません。（1999年７月「学習障害児に対する指導について（報告）」

より一部抜粋）

　すなわち、ＬＤとは、知的発達に大きな遅れはなく、学習面で特異なつまずきや習得の困難を持つということです。それは知的な発達全体の遅れからではなく、認知発達の部分的な遅れや偏りから起こります。ここでいう認知とは、見たり、聞いたり、さわったり、運動をしたりするとき感じるさまざまな刺激を、脳の中に取り込む高次な働きを指します。推理や思考等も認知過程の一部です。

　視覚や聴覚などの、知覚的な鋭敏さや鈍感さ、あるいはこだわりの強さなどは、認知面にその人特有の発達的特徴が反映しているからです。英国の報告では、頻度は高く５〜10％といわれていますが、わが国では１〜２％と推測されています。学習障がいのタイプには、読字障がい、書字障がい、算数障がいがあります。読字障がいでは、１文字ずつ拾って読むという逐次読みをしたり、単語や語句の途中で区切ってしまったり、文末などを勝手に変えて読むなどの特徴があげられます。また、文章を読んでいると読み誤りが増えてくるという易疲労性（い　ひろうせい）が見られます。書字障がいのほとんどが漢字の書字障がいです。漢字の想起困難が多く、漢字を全く思い出せなかったり、なんとなく形は思い出せるが曖昧であったり、部首の位置の誤り、意味が類似する字への誤り、書き順の誤りなどがあります。算数障がいは、数字そのものの概念がわからず、数の大小や量の多少がよくわからない。筆算はできるが、暗算が苦手であったり、図形や立体問題がわからないなどが見られます。

　学習障がいは、就学時の学習のつまずきだけでなく、仕事に就くと、読み書きする場面も多く業務に支障が出て、自己嫌悪、落ち込み悩み、仕事へのつまずきが起きることがあります。

精神障がいとひきこもり

厚生労働省の『ひきこもりの評価・支援に関するガイドライン』において、ひきこもりは原則として統合失調症の陽性あるいは陰性症状に基づくひきこもり状態とは一線を画した非精神病性の現象とするが、実際には確定診断がなされる前の統合失調症が含まれている可能性が低くないことに留意すべきであるとしています。すなわち、**ひきこもりの人の中に診断がされていない統合失調症の人が、少なからず存在する**ということです。（ガイドラインにある陽性症状とは、幻覚、妄想、自我障がいなど、本人が体験するもので、陰性症状は意欲・自発性の低下、感情の表出の低下などをいいます。）

近年、精神障がいとひきこもりに関する報告では、精神障がいが要因でひきこもりを引き起こした事例やひきこもりの中で発症している事例があるといわれています。また、ひきこもりが長期化する原因の一つに精神障がいが背景にあるともいわれています。精神障がいとは、精神・行動面において特定の症状を表すことによって、何らかの機能不全に陥っている状態を総称する用語です。一般的にいわれる「心の病」とほぼ同義と考えられます。では、精神障がいといわれる人たちの精神や行動面には精神的に健康な人とどのような点に違いがみられるのでしょうか。両者の違いをとらえる基準があります。これは、社会的に多くの人がとる精神や行動面を基準として、それより逸脱しているかどうかで精神障がいかどうかをとらえる考え方です。基準とするものには、欲動や意志、感情（感情や気分の高揚や落ち込み）や社会通念上望ましい言動であるかどうかなどがあります。**精神障がいの多くは、身体的な病気や障がいと比べて、見た目にはわかりづらく、本人も自覚が少ないということがあります。**ここでは、ひきこもりと関連が深いとされる精神障がいについて説明をします。

（1）気分障がい

感情は、主観的な印象で、快不快を基調とし、喜びと悲しみ、苦しさと楽しさなど相反する二極性を持つものです。気分とは、この感情の持続的な状態をいいます。気分障がいとは、気分が正常の範囲を超えて高揚したり、落ち込んだりすることが、一定の期間継続するものです。気分障がいにはうつ病性障がい（以下うつ病）と双極性障がい（躁うつ病）があります。うつ病の生涯有病率は狭義では約5〜17％、広義では約20〜25％にも達し、よく

ある病気という認識が高まっています。一方の双極性障がいは、生涯有病率も約２～８％ですが、以前に比べて高い数字が近年報告されています。

うつ病は、抑うつ気分や興味または喜びの消失に加えて、さまざまな症状を呈します。例えば、食欲の減退や増進、不眠や睡眠過多、精神運動の制止や強い焦燥、疲れやすさ、集中力の低下、自殺への思い、などです。例外はありますが、これらの症状が２週間以上続いたときにはうつ病といわれます。

双極性障がいは、典型的には抑うつ状態と躁状態とを繰り返します。躁状態の時は気分が高揚したり、イライラします。その他にも、誇大的になる、睡眠の減少、喋り続ける、いくつもの考えが浮かぶ、注意が散漫になる、活動的になる、買いあさりや失敗することがわかっているような投資をするなどの症状が見られます。このような症状が何日か続く場合もあれば、１日のうちでも抑うつ状態と躁状態が見られることがあります。双極性障がいは診断するのが難しい病気といわれています。なぜなら、躁状態のときには、周囲は困っていても本人は快適に感じていることが多いからです。双極性障がいは、抑うつ状態と躁状態とを繰り返しますが、抑うつ状態の期間の方が長い場合があります。

気分障がいの場合、うつ状態で一日中気分が落ち込んでいる、何をしても楽しめないといったことが何日も続き、人との交流を避け、ひきこもり状態に至る場合があり、ひきこもりと関連がある疾患といえます。

（２）不安障がい

不安とは何でしょうか。「不安」は、誰にでもある現象で、自分に警戒を促すために人に備わっている能力の１つです。不安になることで、危機に備えたり、危険を回避したりしやすくなります。しかし、不安の現象が過剰になったり、危険でないものにまで不安になったり、不安に続く行動が不適切なものになったりすると、それは、生活していく上での「障がい」となってきます。不安障がいは、さらに細かく分類されています。大まかにいうと、①不安を抱く事柄や状況が比較的特定のものに限られている種々の恐怖症、②不安を抱く事柄や状況が特定されておらずさまざまな事柄や状況で不安になる全般性不安障がい、③特徴的な身体症状を伴うパニック発作を繰り返すパニック障がい、④薬物やアルコールなどの物質を摂取することによって不安

が生じる物質誘発性不安障がいに分けることができます。ここでは、ひきこもりに影響する恐怖症、全般性不安障がい、パニック障がいについて述べます。

①恐怖症

　不安も恐怖も警告を示す現象であるのは同じですが、不安や恐怖が漠然とした未来のことに向けられたものであるのに対して、不安や恐怖はその対象が目の前あるいは頭の中にはっきりと存在している点が違います。

　恐怖症の代表的なものに社会不安障がいがあります。大勢の人を前に話したり歌ったり、会議で発表や意見を言ったり、学校の先生や職場の上司、知らない人と話をするといった状況に自分が置かれたり、想像すると「緊張したり不安を感じる」ということは誰にでもあります。しかし、社会不安障がいは、このような「緊張したり不安を感じる」ことが、普通の人よりも強い緊張や不安となり、それらの状況を避けようとします。そのため、毎日の生活や仕事に支障をきたしてしまいます。

②全般性不安障がい

恐怖症とは異なり、特定の対象に限らず、ほとんどあらゆることに不安を抱くようになるのが全般性不安障がいです。すなわち、決まった状況ではなく、理由もはっきりしない不安感、いろいろなものに対する不安が度を越してしまいます。たとえば、あるひとつのことが頭に浮かぶと、そのことで最悪の状況を想像し、あれこれと取り越し苦労をしてしまい、それが長時間続きます。不安のために、落ち着きがなくなり、ものごとに集中できなくなり、学習や仕事に支障をきたすこともあります。

③パニック障がい

パニック発作という突然に生じる自律神経系の乱れを繰り返すのが、パニック障がいです。パニック発作の症状には、動悸、息苦しさ、発汗、震え、めまい、吐き気、しびれや冷感などがあります。数分以内にピークに達するほど急激に生じてくるのが特徴の1つです。予期せず繰り返す発作に、1人で外に出るのが怖くなったり、元気がなくなったりすることもあります。

以上のように、**不安の現象が過剰になったり、危険でないものにまで不安になったり、不安に続く行動が不適切なものになったりすることで、学習や仕事、対人関係など生活のあらゆるところに支障をきたすことになります。そして、人との交流や外出を避けたりすることが起こりやすくなってきます。**

（3）統合失調症

　統合失調症は、幻覚や妄想といった精神病症状や意欲・自発性の低下などの機能低下、認知機能低下などを主症状とする精神疾患です。疾患の経過中に幻覚（実際にはないものが感覚として感じる）、妄想（明らかに誤った内容であるのに信じてしまい、周りが訂正しようとしても受け入れられない考え）、ひどくまとまりのない行動が見られます。統合失調症の症状によって最も影響されるのは、対人関係です。複数の人の話し合う内容やポイントがわからない、その場の流れがどうなっているのか、どう振る舞ったらよいのかということがわかりにくく、そのために、適切な応対ができなかったり、的はずれな言動をしたりします。また、ある一連の行動を順序立てて行うことが苦手となったり、着替えをする時の順番を忘れたり、料理の手順を思い出せなくなったりします。記憶・学習などの認知機能障がいが生じることも多く、学習や仕事などに影響を与えます。さらに、喜怒哀楽などの生き生きとした感情表現が乏しくなります。他人と交流をもとうとする意欲、会話をしようとする意欲が乏しくなり、無口で閉じこもった生活となる場合もあります。主に思春期から青年期にかけて発症するといわれ、100人に1人ほどが発症すると考えられていることから、決してまれな疾患ではありません。

　このように、統合失調症は幻覚・妄想とともに、「日常生活や社会生活において適切な会話や行動や作業ができにくい」という形で見られ、病気による症状とはわかりにくいところがあります。本人も説明しにくい症状で、周囲から「社会性がない」「常識がない」「気配りに欠ける」「怠けている」などと誤解されることがあり、そのことから学習や仕事につまずき、対人交流や社会参加を避けるということが起きます。そのため、ガイドラインが示すように統合失調症とは気づかれず（確定診断前）、ひきこもりの状態でいる人も存在することになります。

本人の想い（当事者インタビュー）

総社市ひきこもり支援センター（詳細は第7章）で関わっている本人の想い

Aさん（男性、40代）
プロフィール：大学卒業後、就職氷河期で進学するも、新しい環境になじむことができず、ひきこもり状態が続いていました。その間、資格試験を受けたり、就労したりしましたが、人間関係などで悩み、離転職を繰り返したり、家にいる時間が多くなっていました。

Q. ひきこもり状態当時の自分の気持ちや状態を教えてください。

 A. 思い返すと、力が抜けている感じでした。エネルギーがゼロの状態でした。動くこともできず、「このまま消えてしまいたい」「また今日も一日が終わっていくのか」「このまま世界が終わっていくのかな」と思っていました。

Q. その時期、あなたの家族・兄弟・親戚などはどのような関係性でしたか？

 A. 家族や兄弟もどうしたら良いのかわからない様子でしたが、挨拶や声掛けなどは続けてくれていました。親戚付き合いは特にありませんでした。

Q. 地域との関係はどうでしたか？

A. 外出できなかったので、まったくつながりはなかったです。

Q. ひきこもり状態から一歩踏み出すことができたきっかけや気持ちを教えてください。

A. 「何も変わらないこの状態をどうにかしたい」と思うようになりました。困っていることが何なのかもわかりませんでしたが、そういう思いが出てきた時に、周囲に何も言わずに話を聞いてくれる人たち（家族、親戚、深く話すことができる仲間など）がいたことです。

Q. 初めの一歩を教えてください。

A. 大好きなパン屋さんにパンを買いに行きました。

Q. ひきこもりについての情報収集はどのようにしましたか？

A. チラシやインターネット、広報誌などで知りました。

Q. 相談しようとしたきっかけは何ですか？

A. 年齢的にも焦っていました。単純に自由に使えるお金が無くなって焦りも出てきて、仕事をしたいと思いました。

Q. あなたにとって、ひきこもり支援センターはどういう存在ですか？

A. 最初の一歩やいざという時の相談窓口です。すぐにサポーターと出会うのではなく、ワンクッション置いて、サポーターと話ができるのも良いと思います。また、地域住民とスタッフと一緒に収穫体験をしたことで、体験を通して人間不信が少し和らぎました。ちょうどいい距離感やつながり感を感じることで安心できました。

Q. あなたにとって、居場所「ほっとタッチ」はどのような存在ですか？

A. 家族とはまた違う第三者と交流ができ、たわいもない話ができるところです。いろいろな人と出会えるところも魅力です。

Q. あなたにとって、ひきこもりサポーターはどんな存在ですか？

A. 身構えないで接することができる存在です。

Q.　一歩踏み出したことで、家族はどのように変化しましたか？

 A.　お互いに余裕ができました。

Q.　社会参加したことで、何か変化はありましたか？

 A.　お金を有意義に使うようになりました。また、何にでもですが「続けること」を大切するようになりました。人間は、「人の間で生きている、生かされている」存在だと思います。

家族の想い（当事者インタビュー）

総社市ひきこもり支援センター（詳細は第7章）で関わっている家族の想い

Bさん（母：70代）
息子のプロフィール：年齢（30代後半）。高校卒業後、就職したが、人間関係で悩み、離職。その後、ハローワークに行って仕事を探すも仕事がなかなか見つからず、いつからか仕事探しもしなくなり、外出もしなくなり、家にひきこもるようになりました。

Q. 息子さんが、ひきこもり始めた頃のご家族の気持ちや関わりを教えてください。

 A. 仕事を辞めた直後は、自分でハローワークに仕事を探しに行っていたので、見守っていました。しかし、採用試験で不合格が続き、だんだんと自信をなくし、仕事を探すことも辞め、家から出なくなりました。その頃は、私も心配で仕方なくて、「大丈夫？　仕事一緒に探してみる？　この仕事はどう？」などと声をかけると、本人と口喧嘩になるばかりでした。親としては、どうにかしてやりたいという気持ちの焦りから、本人に怒ってばかりだったような気がします。

Q. 息子さんが、ひきこもり状態になってからのご家族の気持ちや関わりを教えてください。

 A. ほとんど家庭内での会話がなくなっていましたが、食事の時には部屋から出てきて一緒に食べていました。

その頃は、食事の時に顔を見せてくれることだけに喜びを感じていました。それならば、美味(おい)しくて健康的な食事を作ろうと心がけていました。

Q. その後、息子さんやご家族は何か変化がありましたか？

A. 家族が怒らなくなったら、本人が食事の時に自然と喋るようになりました。食事の時だけでなく、その後もリビングにいる時間が増え、一緒にテレビを見ることもありました。本人もたわいもない会話ですが、話をしたら、少し楽になった様子でした。もちろん、何がきっかけでひきこもりになったか理由はわかりませんが、本人も思い出したくないことは、今でも言わないですね。

Q. 今後のご家族としての夢や希望はありますか？

A. 親が作ったレールを押し付けるのではなく、本人のペースや自発的な言葉を大切にしていきたいと思います。いろいろ焦りもありますが、家族みんなで旅行することが夢なので、私たち家族が元気でいなくてはならないと思います。自分自身も趣味や仲間を作って孤立しないように健康でいたいと思います。

＜引用・参考文献＞
・厚生労働省「ひきこもりの評価・支援に関するガイドライン」2007
・齋藤万比古「不登校の病院内中学校卒業後10年間の追跡調査」児童青年医学とその近接領域41、2000
・齋藤万比古「社会的ひきこもりの現状と展望」思春期青年期精神医学12、2002 a
・齋藤万比古「不登校」現代児童青年精神医学　2002 b
・厚生労働省「平成29年版　労働経済の分析 ―イノベーションの促進とワーク・ライフ・バランスの実現に向けた課題―」
・文部科学省「平成29年度児童生徒の問題行動・不登校等生徒指導上の諸課題に関する調査結果について」
・文部科学省　国立教育施策研究所「生徒指導リーフレット：不登校数を『継続数』と新規数』で考える」Leaf22、2018
・文部科学省「平成28年不登校児童生徒への支援に関する最終報告」
・古荘純一「新小児精神神経学　学校・保育現場における子どもの理解・支援のために」（日本小児医事出版社、2006年）
・内閣府「ひきこもり支援読本」2011
・総務省行政評価局「発達障害者支援に関する行政評価・監視結果報告書」2017
・文部科学省「学習障害児に対する指導について（報告）」1999
・新精神保健福祉士養成講座「精神疾患とその治療」第2版（中央法規、2016年）
・新精神保健福祉士養成講座「精神保健の課題と支援」第2版（中央法規、2016年）
・C・カトナ、M・ロバートソン著　島悟翻訳「図説　精神医学入門（第3版）」（日本評論社、2008年）
・小此木啓吾、深津千賀子、大野裕編「精神医学ハンドブック」（創元社、2005年）
・アレン・フランセス著、大野裕、中川敦夫、柳沢圭子訳「DSM－5精神疾患診断のエッセンス」（金剛出版、2014年）

第3章

効果的なひきこもり支援を行うために

効果的にひきこもり支援を行うために

（1）相談支援

　地域にはさまざまな相談支援機関があります。ひきこもりに特化した相談支援機関として、都道府県や指定都市には、「ひきこもり地域支援センター」が設置されています。しかし近年は、「生活困窮者自立支援機関」が福祉事務所に併せて全国で設置され、大きな役割を担っています。また、保健所では、従来から心の病気に悩む本人や家族に対して、精神保健福祉全般に関する相談に保健師が応じています。

　あなたの住むまちの相談支援機関を調べてみましょう。

支援機関	連絡先	備考
ひきこもり地域支援センター	（　　　）―	
保健所	（　　　）―	
生活困窮者自立支援機関	（　　　）―	
若者サポートステーション	（　　　）―	
家族会	（　　　）―	
教育委員会・教育相談	（　　　）―	
フリースクール	（　　　）―	
ハローワーク	（　　　）―	
社会福祉協議会	（　　　）―	
（　　　　　）	（　　　）―	
（　　　　　）	（　　　）―	
（　　　　　）	（　　　）―	
（　　　　　）	（　　　）―	
（　　　　　）	（　　　）―	

（2）居場所

　居場所は、ひきこもり状態にある方が、「家族以外の人と関わる」、「仲間づくりをする」、「生活体験をする」など、安心して、自分らしく過ごすことのできる「場所」のことです。ただし、単なる「場所」のことではなく、「人」が重要なポイントです。「人」との出会いやつながりを通して、学びや体験を得ることができる「場所」とすることが求められます。自分の住む地域にあり、活用可能な居場所についても調べてみましょう。

居場所の名前	利用できる範囲や特徴	住所	連絡先
			（　　　　）－
			（　　　　）－

（3）家族会

　ひきこもり状態にある方の家族（両親やきょうだい、親戚など）が、地域で孤立しないために、気軽に集まり研修を受けたり相談しあえたりする場として、全国各地で組織化され、活動しています。
　なお、全国組織として、「特定非営利活動法人KHJ全国ひきこもり家族会連合会」があり、全国の家族会と連携し、行政に働きかけながら、誰もが希望を持てる社会の実現を目指して活動しています。自分の住む地域にある家族会についても調べてみましょう。

家族会の名称	連絡先	備考
	（　　　　）－	

（4）社会参加

　国では、ひきこもり支援の中心施策である生活困窮者自立支援制度へ、これまで「地域で支えられていた人」が「支える人」に回るための仕組みを、各

自治体の創意工夫により、行政はもちろん民間団体など、関係者皆で協働して創っていくことが必要だとしています。

　ひきこもりをはじめ、これまで支援を受ける方々のゴールを設定する時、誰もが自分の思い描く人生を実現していこうとする時、就労が目標になるイメージを描くことが多くあります。

　就労がゴールであるかどうかは別として、ひきこもり状態の方が地域社会に関わりをもつ際、図に示すように段階的に地域社会へ関わっていくプロセスをイメージしています。

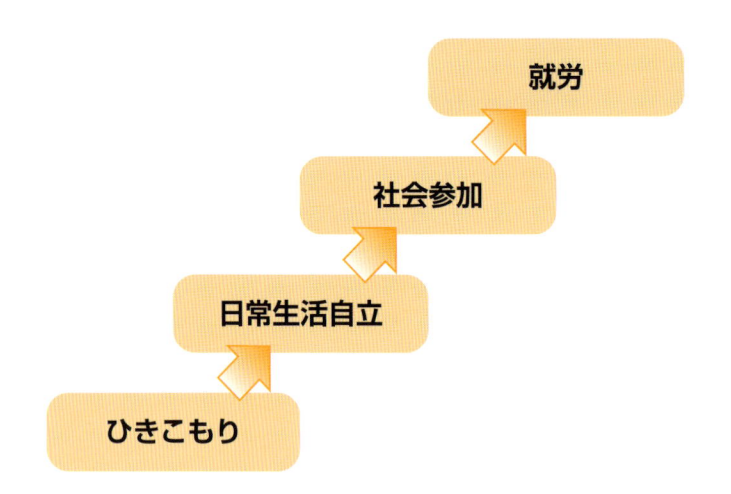

他機関との連携

　ここまでに、自分の住む地域の相談支援機関や居場所、家族会等について調べてきましたが、連携する機関はこれら以外にも多くあります。ひきこもり当事者や家族等と関わる中で、一見無関係だと思われる機関や組織が、社会参加への重要な役割を担うことが多くあります。

　これから皆さんが活動を展開する中で、連携する機関がどんどん増えていくはずです。そのことで、より重層的な支援につながっていくはずです。より広い視野で地域にある社会資源とつながるよう歩みを進めてください。

支援機関	連絡先	備考
	(　　　)－	
	(　　　)－	
	(　　　)－	
	(　　　)－	
	(　　　)－	
	(　　　)－	
	(　　　)－	
	(　　　)－	

第4章

ひきこもりサポーター
の役割

ひきこもりサポーターの役割

総社市ひきこもり支援センター "ワンタッチ"

（1）ひきこもりサポーターとは

　ひきこもりサポーターとは、主にボランティアとして、支援者（専門家）と一緒にひきこもり支援に取り組む方のことです。

　ひきこもりサポーターには、ひきこもり当事者・経験者や、当事者の家族、心理・福祉職を目指して勉強中の学生、地域の民生委員・児童委員、一般市民の方等、専門資格の有無に関わらずさまざまな方になっていただけます。この中でも、ひきこもり当事者・経験者はピア（peer：仲間）サポーターと呼ばれています（第4章参照）。

　厚生労働省によるひきこもり対策推進事業でも、平成25年度から「ひきこもり支援に携わる人材の養成研修事業」として、全国の自治体でひきこもりサポーターの養成を推進しています。また、ひきこもりサポーター養成の目的を、「ひきこもりサポーターを養成し、派遣することにより、地域に潜在するひきこもりを早期に発見し、適切な支援機関に早期につなぐことで自立を促進する。（本人や家族に対するきめ細やかで継続的な支援の実現）」としています。

（2）ひきこもりサポーターの活動例

　ひきこもりサポーターの活動は、当事者宅への訪問支援をはじめとして、支援機関等への同行支援や、居場所の運営、ひきこもり支援機関が開催する行事への活動協力、農作業や就労体験等の社会参加体験の受け入れ、ひきこもり支援機関の周知等、多岐にわたります。
　当事者宅へ訪問する場合は、一例では支援者が月に1回訪問して困り事や今後の方向性の相談に乗り、サポーターが週に1回訪問しておしゃべりをしたり一緒にゲームをする等、支援者とサポーターとで役割分担をしていることが多いようです。
　ひきこもりサポーターにどのような役割を求めるかは各自治体によって異

なりますが、当事者宅でゲームやスポーツをする、居場所で一緒に料理をする等、サポーター一人ひとりの趣味や特技を活かして活動していただくことが多いです。

（3）ひきこもりサポーターの役割とその効果

　なぜ、ひきこもり支援において、ひきこもりサポーターが必要とされるのでしょうか。

　ひきこもり当事者の方にとって、社会に参加するということは、久々に家族以外の第三者と出会うこととなります。1年ぶりに会うという方もいれば、10年以上、20年以上ぶりに第三者と会話をするという方も中にはいらっしゃいます。その出会いには、強い不安が伴うことが少なくありません。
　当事者の多くは、集団に溶け込むことの苦手意識があり、他者からどのように思われているかへの不安が強いです。また、自身がひきこもりであることを周囲に知られて否定された経験のある方や、否定されるのではないかという恐怖心を抱いている方が多いです。これらの不安や恐怖心を抱きながらも、社会参加をしたいと踏み出した当事者が久しぶりに出会った第三者から、ひきこもりであることを否定され、「働かざる者食うべからず」といった正論を無遠慮にぶつけられると、どのように感じるでしょうか。傷付き、憤り、再び社会から孤立する道を選んでしまうかもしれません。

　ひきこもりサポーターの役割は、当事者と対等に接し、久しぶりの第三者との出会いを、「ありふれた出会い」にすることではないでしょうか。ここで、あえて「良き出会い」ではなく「ありふれた出会い」としたのは、特別良い出会いにする必要はないからです。例えば、居場所に初めてやってきた当事者が、サポーターから歓待を受けたとき、嬉しく感じる当事者も多い一方で、特別扱いをされているように感じる当事者もいます。「ありふれた出会い」とは、相手に対して無関心に接するでも、大げさに歓待するでもなく、自宅に友人を迎えるときのように、あたたかい笑顔で受け入れることです。そして、一緒にお茶を飲み、おしゃべりをし、「またお話ししましょうね」と別れることです。

こうした、対等であたたかく受け入れてくれる人との信頼関係が、サポーターの訪問は受け入れるが支援機関や居場所へは行くことができない当事者、あるいはボランティアや就労体験等の社会参加したいと思う当事者が一歩踏み出す動力源となります。さらに、社会に踏み出したあとの安全基地ともなります。また、深い傷付き体験があり、社会参加を望んでいない当事者にとっても、社会を再度信頼するきっかけになるかもしれません。

　ここで、ひきこもり当事者との信頼関係を築くのは、支援者だけでも十分ではないかと思われる方もいらっしゃると思います。確かに、当事者がサポーターとの出会いに臨む前に、家族以外の第三者である支援者と何度も相談を重ねていることは多いでしょう。しかし、当事者にとって支援者は「受け入れて当たり前」の存在なのです。ひきこもりサポーターは、当事者が出会うときに不安を抱きながらも、「きっと受け入れてくれるだろう」と思えるような、支援者と一般社会との間をつなぐ存在であることが大切ではないでしょうか。

＜引用・参考文献＞
・内閣府子ども若者・子育て施策総合推進室「ひきこもり支援者読本」（2011年）
・内閣府政策統括官　「若者の意識に関する調査（ひきこもりに関する実態調査）報告書」（2010年）
・ひきこもり地域支援センター全国連絡協議会「平成25年度セーフティネット支援対策等事業費補助金社会福祉推進事業地域におけるひきこもり支援に関する実践的研究事業報告書」（2014年）

第5章

ひきこもり支援における
ピアサポートについて

ひきこもり支援における ピアサポートについて

ひきこもり支援等検討委員会
中山 遼（NPO法人あかね）

（1）ピア（peer）サポートとは

「ピア」とは仲間を意味しています。職場の同僚もピアです。「サポート」とは支援することを意味していますが、専門家によるサポートとは違い、仲間としてよりよくサポートする"仲間力"に基づいたものです。（「日本ピア・サポート学会」抜粋）

現在、不登校をはじめひきこもりの支援に関しては、心理や教育による専門的な支援が重要視されています。それに比べるとピアサポートに関しては、まだまだ活用されていないと思われます。アルコール依存症、薬物依存症、がんなどの医療現場ではもちろん、障がい者福祉の分野でも障害者総合支援法にピアサポート強化事業が盛り込まれるなど、ピアサポートは大切な役割を担っています。

（2）ひきこもり支援でのピアサポーターの役割

ひきこもり支援の特徴として、医療と違い本人が積極的に支援を求めていないということが挙げられます。これは本人が本当の意味でサポートを望んでいるかいないかにかかわらずです。これらは医療や福祉等の専門的支援への不信感や、将来への希望が持てずに支援を受け入れる気持ちになれない等の理由が考えられます。ピアサポーターは、このようなこれまで支援困難とされてきた方々との信頼関係を比較的早く容易に結べるという点に大きな役割があると思われます。

（3）ピアサポートの重要性と効果

ひきこもり支援の困難さはいくつも存在しますが、その中でも特に大きなものは、

①保護者とは会えるが、本人とのファーストコンタクトが取りにくい点

②不安感や緊張感が高く信頼関係を築きにくい点

③専門的支援に対し反感や抵抗感が起きやすい点

　などがあります。このような困難さにピアサポートの役割はたいへん有効であると思われます。

　ひきこもっている本人から“支援”を求める声は決して多くはありませんが、“仲間”を求める声は多くあります。

　そこでピアサポーターはまず支援を中心とする“支援者”より共感を中心とする“仲間”のほうが、“伴走者”と位置付けられるので、比較的ファーストコンタクトを取りやすいと考えられています。そしてピアサポーターが本人との信頼関係を築き、専門的支援機関や支援者とつなげていく（もしくは同行する）ことで、受診などの専門的支援機関へつながる確率も上がると考えています。

　ピアサポートは、つながることが困難な当事者と専門的支援機関や支援者の間に緩和剤・通訳者として介在することにより、大きな効果を発揮します。

（4）リカバリーモデル

　精神保健分野のピアサポートの概念にリカバリーモデルという考え方があります。これはモデリングを使ってピアサポーターが希望を吹き込む方法です。ピアサポーターが“自分がリカバリーしたストーリー”を語ることで、対象者は自分もリカバリーが可能であることをサポーターをモデルとして実感することができます。

　また困難時の対処法や自分や社会との付き合い方などの具体的な方法を聞くことができるようになることです。

（5）ピアサポートのリスク

　対象との関係づくりや緊張緩和に有効なピアサポートですが、一方でリスクも存在します。

　①ピアサポーターにまだ精神的な脆 弱 性（ぜいじゃくせい）が残っている場合が多く、ピアサ

ポーター自身が負担に耐えられなくなるリスク

②ピアサポーター自身の体験を対象者に投影し過ぎて、"自分がして欲しかった支援"を対象者に押し付けてしまうリスク

③ピアサポーターが本人に同調してしまい、専門的支援との対立を助長してしまうリスク

一方ではこれらリスクを最小限に抑えられる環境を作れば、ピアサポートは支援において大きな役割を果たすことができます。

第6章

「ひきこもり」への支援
とその視点

「ひきこもり」への支援とその視点

ひきこもり支援等検討委員会

直島　克樹（川崎医療福祉大学）

　本章では、実際に「ひきこもり」への支援を進めていく上で、当事者や家族に関わる際に大切となる視点や関わりについて、そのポイントを説明していきたいと思います。特に重要となるポイントを、ここでは、①当事者や家族の想いに寄り添う、②ストレングスとエンパワメント、③居場所と社会参加、④協働と地域づくりという点に絞り、解説していきたいと思います。

事例（支援員の関わりから居場所利用・社会参加まで）

　Aさん（男性45歳）は、両親とも教員の家庭で育ちました。高校卒業後、大学に進学しましたが、友人関係等が上手くいかず中退し、しばらくアルバイトなどをしていました。しかし、そのアルバイトも人間関係等の問題で長くは続かず、別のアルバイトにも挑戦しましたが同様に長くは続きませんでした。その後、23歳ごろから次第に部屋にひきこもるようになり、今では同居する家族（父：75歳、母：73歳）以外会うことがないような状態でした。普段、部屋からほとんど出ることはないものの、コンビニ等には出かけているとのことでした。

　ひきこもり支援員が関わるきっかけになったのは、父の認知症に関する母からの地域包括支援センターへの相談でした。相談員との話の中で息子がいることがわかり、母が現状を説明してくれました。相談員は、母から事情を聞き、同意を得た上で、市のひきこもり支援センターに相談、ひきこもり支援員が母から状況を確認することになりました。

　ひきこもり支援員が関わり始めた際、部屋の扉は閉まったままで、話しかけても応答はありませんでした。母との話では、自分たちが厳しく教育し過ぎて、本人の話を聞いてやれなかったことが原因なのかもしれないなど、これまでの生活について確認することができました。母からは、これまで誰にも相談できずにいたので、話ができて良かったということでした。支援員は母の想いを丁寧に傾聴しました。

　継続的に訪問する中で、毎回メッセージをカードで残すよう心がけました。母からは、ガンダムが好きであったという話を聞いていたので、ガンダムの

話題を振ったところ、それに対して反応がありました。これまで作ったプラモデルやゲームの話から、会話ができるようになり、部屋のドアも開けてくれるようになりました。

　しばらくの間そういった訪問を続け、会話を重ねる中で、よければ支援員にプラモデルを教えて欲しいということで、居場所にきてもらえることができるようになりました。その中で、次第に日々の生活やこれまでの本人の想いなどを聞くこともできました。父や母の想いに応えきれず、また、人ともうまく関係が築けず仕事も続かず自分はダメな人間であること、父が認知症になったが、自分は何もできず無力であるといったような想いを話してくれました。

　支援員は、本人の話を傾聴し、決してＡさんをダメな人間だとか何もできない人だとは思わないことなどを伝えました。継続的に居場所に来る中で、居場所のボランティアの方や地域の協力者たちとも少しずつ会話ができるようになり、一緒に料理をしたり、畑をしたりすることなどもできるようになりました。たまたま遊びに来ていた子どもにプラモデルやゲームについて教えるような経験もできました。

　Ａさんとの話を重ねていく中で、父のこともあるし、自分も介護などを学んでみたいという話になりました。支援員は、同じ地域にある高齢者施設と話し合い、ボランティアという形から、Ａさんを受け入れてくれることになりました。また、本人が人とのコミュニケーションにしんどさを感じるということだったので、医療機関の受診にも同行し、発達障がいがあることがわかりました。同時に、父の認知症の支援にあたっている地域包括支援センターやデイサービスセンターとも連絡を取り合い、互いの状況を確認していく場もつくることができました。

　Ａさんは、時々休んでしまうことはあるものの、ボランティアを続けながら、居場所も定期的に利用し、自分と同じような状態にある人たちのグループにも参加できるようになっていきました。その中で、地域のお祭りがあり、お店を出して欲しいとの地域の要望にみんなで協力して出店することもできました。それ以来、地域の人たちからも居場所に対して野菜などの差し入れが増えたり、Ａさんたちに声を掛けてくれる機会も増えました。Ａさんからは、物をつくるようなことも体験してみたいということで、地域生活支援センターとも協働し、プラモデルなどを扱う地域の企業の協力を得て、アルバ

イトという形で通うことができるようになりました。

　母は、そういったＡさんの姿に驚きつつも喜び、支援員とも一緒にＡさんともこれまでのことなどを少しずつ話すことができるようになりました。Ａさんが、母に対して、少し揺れつつも自分がどう思っていたかなどを話すことができたことは良かったと、後に居場所で話してくれました。

当事者と家族に寄り添う

　本節では、ひきこもり支援の基盤となる、当事者や家族に寄り添う姿勢について確認していきたいと思います。ポイントを3つに分けて説明していますが、それぞれは無関係なものではなく、それぞれが互いの成り立つ要件としてあることを念頭に置くことが求められます。

（1）傾聴と受容

　支援を進めるにあたって、傾聴と受容が大切といわれます。当事者や家族がどのような想いを持っているのか、その点を理解することは何より大切なことです。そして、その理解している、理解しようとしているなどが、相手に伝わるようにすることは、相手の想いを理解する以上に大切なことです。

　コミュニケーションは言語的にはもちろん、非言語的な対応と合わさって成り立つものです。言語的なメッセージだけでなく、うなずきや視線を合わせる、表情なども全てメッセージになります。話を聞いてもらえている、関心を持ってくれているなどを当事者や家族が感じることができるように意識することが大切です。そして、当事者や家族のペース、状況等に合わせながら、対応していくことが必要となってきます。

　実際に傾聴といっても、ただ話を聴くということを意味するわけではありません。当事者や家族の想いに寄り添う姿勢もまた、傾聴のプロセスとして考えていくことが必要です。そのためには、支援者本人の想いや考えを伝えていくことが求められる場面もあるでしょう。一方的に想いを伝えることは当然避けなければなりませんが、本人や家族から支援者自身の考えを尋ねられることは常に想定しておくことが必要でしょう。そういった継続的なやり取りが、具体的な支援の突破口になると考えることが必要です。

　一方、受容と一言でいっても、それは単に一対一の心理的な関係に集約されるものでもありません。「自分はここにいてもいいんだ」、「ここにいると安心できる」など、役割があるかないかという機能的な側面ではなく、その人の存在そのものが受け入れられる場を構築していくことも必要です。そのような場は、受容を単なる個人的な関係にとどめることなく、社会的にも拡げていく基盤として欠かせないものです。

　現代の社会は、何かができる、できないで個人を評価してしまいがちです。しかし、それはその人のある一面を見ているに過ぎないと理解することが大

切です。受容は、その人のありのままを受け入れるといわれますが、そのことは現代社会が忘れてしまっている、その人個人という「存在の価値」を取り戻すプロセスでもあります。ひきこもりの原因はさまざまですが、受容が支援の基盤となるといわれる理由はそこにあると考えられるでしょう。

（2）「正しさ」の暴力的側面には気をつけよう

　当事者や家族の想いに寄り添う際に、支援者が向き合わなければならないことが、自らの持つ「価値観」です。特に、自らが考えている「正しさ」を、他者に押し付けてしまうことには注意が必要です。

　「学校に行くことは大切だ」、「働いて自立することは社会人として当たり前だ」など、現代の日本において以上のことは普遍的なものなのかもしれません。しかし、そのような何かをしなければならないという価値観に追い詰められる人たちも、決して少なくありません。特にこの日本という社会は、例えば、「学校に行かない」という選択肢がほとんど取れない社会構造を形成しています。そのことは不登校児へのフリースクールなどの設置の不十分さ、制度的受け入れの脆弱さを見れば明らかです。さらに、不登校に対する社会からの偏見も強く、制度的にも心理的にも追い詰められたまま大人になることも決して少なくありません。

　そのことは、就労をしていないなどの人たちに対しても同じことがいえます。ひきこもり状態にある人たちの中には、職場でのコミュニケーションや人間関係がうまくいかなかった経験のある人も少なくありません。そこにはもちろん障がい等の要因もあるかもしれません。一方で、科学技術の進歩により、工業系や職人系の仕事が機械に取って代わるようになり、第3次産業のようなコミュニケーションが基盤となる仕事が主流になったことは、コミュニケーションに困難を感じていても働くことがある程度可能だった寛容さの喪失につながっているとも考えられます。そのことは、社会における生きにくさと決して無関係ではないでしょう。

　支援者の描く「当たり前」が社会的に間違っていないとして、当事者等にとっては、理解してはいても、なかなかうまくいかなかったり、そういったエネルギーさえもすでに奪われている状況が多々あります。そのような状況の中では、支援者の価値に基づいた関わりが暴力的な意味を帯びる危険性す

らあることを、支援者は常に自覚していくことが求められます。

　また、支援者の中には、問題を何とか解決したいという想いを強く抱いている人も少なくありません。そのことはとても大切なことです。しかし、その想いが支援者自身のバーンアウトにつながることも決して少なくありません。自分の「当たり前」を当事者や家族等に押し付けていないかを常に注意していく姿勢が、バーンアウトの予防にも不可欠です。そのためには、支援者が自らの想いをスーパーバイザーや同じ支援者等に吐き出せるような機会の保障も忘れてはならないでしょう。

（3）「待つ」という支援とパートナーシップへの視点

　個々の主体性を大切にするということは、ひきこもり支援においても重要なことです。ひきこもりとは、さまざまな状況が重なり合って生じている現象であって、それゆえ社会参加等へ至るまでのペースはまさに人それぞれであることを支援者は前提にしなければなりません。

　例えば、ある人は居場所まで来ることに時間があまりかからない人もいれば、会話をしたり居場所まで来ることに多くの時間を必要とする人もいるでしょう。あるいは、ボランティア体験等が成功する人もいれば、そうでない人もいるかもしれません。もしかしたら、支援者に会えていたけれど、連絡を遮断して、時間が経つとまた連絡が取れるようになる人もいるかもしれません。

　いずれにしても、本人には本人のペースがあり、動き出すタイミングはその本人が決めることを尊重していく姿勢が大切です。先回りして、支援者が進めてしまうことは、長い目で見ると本人や家族の力を奪っていくことにつながるかもしれません。本人が決めることができるまで付き合い、本人が決定できるその時まで「待つ」ことが大切です。この「待つ」ことは、実は支援者が最も苦手とすることなのかもしれません。もちろん、支援において時間的な制約がある場合もあるかもしれませんが、最大限、本人が決めるというその力を尊重すべきです。

　実際、支援が進む中で、本人の決定がうまくいく確率が低いこともあるかもしれません。就労等にチャレンジしたけども上手くいかないということもあるかもしれません。しかし、そういったプロセスが大切になることも当然

あるでしょう。焦ることなく、本人の考えや決定に寄り添いながら、時には回り道をしたり、相談しながら共に課題に対して取り組むパートナーシップの姿勢が支援者には求められます。支援関係の中で、失敗してもよい寛容さのある関係性を構築していくことが必要なのです。そのことが本人や家族の力を高めていくことにも結びついていくのです。そして、そういった寄り添いが、本人や家族との信頼関係を育み、その人がその人らしく生きていく拠り所となるはずです。

　一方、パートナーとしての姿勢は、友人関係とは異なります。それはあくまでも支援者としての関係であり、目的を持った関わりが求められます。ただ、その目的は常に柔軟に考えておくことが望ましいでしょう。決められた方向性に固執することなく、その状況に応じて共に考えていくことこそ重要です。ひきこもり支援においては、共に考えていくパートナーシップを意識し、協働してゴールをつくり上げていくプロセスを大切にしていくことが必要なのです。

ストレングスとエンパワメント

　ひきこもりへの支援を進めていく上で重要なキーとなるのが「ストレング
ス」と「エンパワメント」への視点です。ここでは、支援を具体的に進めて
いく上で、どうしてこれらの視点が重要なのかをより理解するためにも、ひ
きこもりの状態を、本人や家族、それらの環境まで含めた関係性の総称でも
ある「システム」として考えていきたいと思います。

（1）ひきこもりとは硬直したシステム

　ひきこもりの状態とは、本人の心理などの個人的問題や、家族関係だけの
家族問題として考えてはいけません。家族にとってもひきこもりは当事者と
しての問題であり、さらに、友人や職場、地域なども含めた社会との関係か
らも生じている問題と考えることが必要です。本人が無気力であると指摘さ
れることもありますが、そうならざるを得なかった事情がある場合が多々あ
り、本人や家族といった当事者たちが置かれているさまざまな関係性をここ
ではシステムとして考えていきたいと思います。

　システムとは、例えばひきこもりという事実を、さまざまな関係性から生
じるものとして説明することを可能とする枠組みです。本人と家族との関係、
本人と社会との関係、家族と社会との関係が複雑に絡み合ってひきこもりと
いう状態になっていることは少なくありません。実際のひきこもりの事例を
見てみれば、そういった関係性からなる全体が硬直した状態にあり、ひきこ
もりへとつながる負のサイクルを形成しています。硬直したシステムは同じ
状態の繰り返しであり、ひきこもりという状態が維持されていきます。

　また、システムは本来開放的であり、外からの刺激を受けながら変化して
いくものですが、ひきこもりの状態にある場合、そういった外からの刺激と
いう開放性が失われています。支援者は、システムの中と外との相互作用が
失われ、システムが硬直した状態に対して向き合い、ひきこもり状態を形成
しているシステム内外への働きかけを行っていく存在です。そのため、本人
や家族だけでなく、関係する社会的側面にも働きかけ、硬直してしまってい
るシステムが、本人が主体となって動き始めるような側面的な視点を持つこ
とも必要なのです。この視点を持っていないと、本人のやる気や家族の気持
ちなど、個人の心理的な側面ばかりを強調してしまうことに陥（おちい）ってしまうで
しょう。繰り返しになりますが、本人や家族などの多様な関係性を焦点化す

ることが必要なのです。

（2）ストレングスは「小さなゆらぎ」の源

　支援者は、前述したような関係性が硬直したシステムに対して、関係性がが変化する動きを起こしていくことが求められます。そこで大切になってくるのがストレングスの視点です。

　ストレングスは、そのまま訳すと「強さ・強み」などとなりますが、それは決して本人の特技などのことに限定されるものではありません。すでに述べたように、ひきこもりが硬直したシステムであると想定すれば、ストレングスは、その関係性に変化のゆらぎを起こしていくものとして考えられます。

　例えば、ひきこもり状態にある本人の両親が高齢化し、介護等のニーズが高まり、福祉サービス等の専門家が関わるようになることは珍しくありません。システムの視点から見た場合、この親の高齢化や介護ニーズによる関係構築は、ひきこもりという硬直したシステムをゆらす小さな動きになり得ます。介護等の専門家から他の機関に相談がもたらされ、さらにシステムのゆらぎが大きくなる可能性もあります。

　また、本人に障がい等があることも、一見マイナスに考えられがちですが、福祉サービス等との接続の機会をつくり出し、社会的関係の再構築へとつながる可能性を高めることになります。そのように考えると、障がいは決してマイナス的な意味だけでなく、ひきこもり支援においては、硬直した関係性を揺り動かす一つのきっかけにもなり得ると考えられます。

　「硬直した関係性に小さなゆらぎを起こしていくこと、そのきっかけとなるのがさまざまなストレングスである」、と考えることは、例えば、家族がひきこもり支援機関等に相談することも、家族のストレングスであるということができます。逆にいえば、ひきこもり状態にある人の増加は、相談する場がないなど、相談機関等の未整備、あるいは、社会の理解のなさや偏見から生じる社会的排除等によって沈黙せざるを得ないなどが理由となって、システムの硬直性が生み出されていると考えることをもたらします。ストレングスの視点は、社会的な側面も視野に入れた支援への入り口にもなるといえるでしょう。

　いずれにしても支援者は、ひきこもり状態を硬直したシステムとしてとら

え、それを構成する関係性をゆらすことのできるさまざまな可能性に目を向けていくことが求められます。どんな小さなゆらぎでも、その動きへのきっかけとなる可能性こそがストレングスでもあります。小さなゆらぎは、それ一つではシステムの変化に至らなくても、いくつも起こることによってシステムを別の状態に変化させていくことが可能となります。つまり、ゆらぎを連動させていくことこそひきこもり支援において重要であり、ストレングスはそのきっかけになりうるということです。

それゆえ、個々への理解から見出されるいくつものストレングスへと働きかけることが支援において重要となってくると考えることが必要なのです。もちろん、本人の状況によっては、今は関係性をそっとしておく時期にあることもあるかもしれません。すでに述べたように、関係は緩く継続しながら待つという、タイミングを計る視点も大切です。そして、働きかける際には、前述したように本人の意思と力が発揮できるような働きかけであることなどが望まれるでしょう。

（3）エンパワメント－権利の回復は当たり前の回復

エンパワメントとは、「その人の力（パワー）を高める」といった意味を持つと理解されていますが、その際の「力（パワー）」には、単純にその人のできることといったような意味だけでなく、「権利の行使」といった社会的な意味が含まれていることへの理解も重要です。つまり、システムとエンパワメントの視点を持つということは、ひきこもり支援において、「その人の持つ当たり前の権利が行使できないような状況に置かれてしまっている」がゆえに、その人が本来できる力を奪われてしまっているという、環境変革的な視点を持つことを意味しています。

そもそもエンパワメントは、黒人に対する差別の克服を目指した公民権運動を契機に概念化されてきました。エンパワメントは、人としての当たり前のことが保障されていないがために、社会的な不利を被る状況を改善していく実践原理として理解していくことも必要です。繰り返しになりますが、ひきこもりという状態が、本人の気持ちなどの個人的なことではなく、社会資源まで含めたあらゆる関係性に起因すると考えるならば、その本人や家族を取り巻く環境が、働くなどの当たり前を保障ができていないということにな

ります。

　支援者として大切なことは、就労や社会活動等に参加すること、文化的な生活を送ることなどは、すべての人々に保障されている権利であるという理解です。一般的に本人に努力をする意思が見られないなどと指摘されることもありますが、そういった努力をする意思さえ持つことが、本人だけでは困難な状況や経験があり、ひきこもりとは権利が侵害された状態の関係性が引き起こしていると考えられます。

　そのため支援者は、この権利の回復を目指し、さまざまな働きかけを考えていくことが求められます。例えば、地域を巻き込んだ居場所の設置、ボランティア経験の受け入れや企業等の開拓などは、環境の変革であり、エンパワメント原理の具体化の例ともいえるでしょう。その人や家族が受け入れられる場が地域にあること、どんな人でも地域社会に貢献できる場があることなどは、社会生活を送る上では一人一人の権利であり、力であり、当たり前のことでもあります。権利の回復への働きかけ、そしてそれが一人一人の当たり前を共に取り戻し、新たに構築していくことにつながっていくというエンパワメントの視点こそが、ひきこもり支援において大きな基盤となるでしょう。

社会参加に求められる視点と居場所の役割

　ここまで、ひきこもり支援において重要となる働きかけの視点や原理について提示してきました。特にエンパワメントの部分でも説明しましたが、ひきこもり支援において、本人や家族がいかに社会と結びついていくかという関係性への視点が極めて重要です。ひきこもりとは、そういった社会とのつながりに困難が生じ、社会生活を送ることが難しくなってしまっている状況を意味しています。本節では、ひきこもり支援における「社会参加」に着目し、必要となる視点や関わりについて言及していきたいと思います。

（1）社会参加を就労に限定しない

　ひきこもり支援において、社会参加＝就労と考えることは少なくありません。あるいは、就労をゴールに考えることも多々あります。働くということは、社会の中で生きていく上ですべての人に保障されるべきものであり、就労それ自体は大切な視点です。しかしながら、働いているか働いていないかというだけで、社会参加を計ることは支援者としては適切とはいえないでしょう。

　例えば総社市では、ひきこもり状態から社会参加を連続した一つのステージでとらえ、常に社会参加へと進んでいくプロセスとして、ひきこもり状態と社会参加をとらえ直しました（次ページ参照）。そのように考えると、例えば家族が外部の相談機関等とつながっていくことも、社会参加が現状よりも促進していく一つのプロセスとしてとらえることになります。本人が居場所等に参加する、または、何らかの支援制度の利用に至るなども、社会参加が促進されている状態とみなすことができます。なぜなら、ひきこもりの状態とはさまざまな関係性からなるシステムが硬直した状態であり、ここではそのシステムが動き始めたととらえるからです。

　一般的に行政のひきこもり支援などで就労が求められる背景には、税金を払い社会人としての義務を果たし、社会へ貢献することが必要という考え方があります。もちろん、それ自体は何も間違っていません。ただ、社会への貢献は納税だけではない道筋もあるべきでしょう。例えば清掃等のボランティアに参加していくことも、社会への大きな貢献です。そういったさまざまな役割の社会的認知や価値の創造もまた、ひきこもり支援においては今後重要であると考えることが必要です。

社会参加の定義について

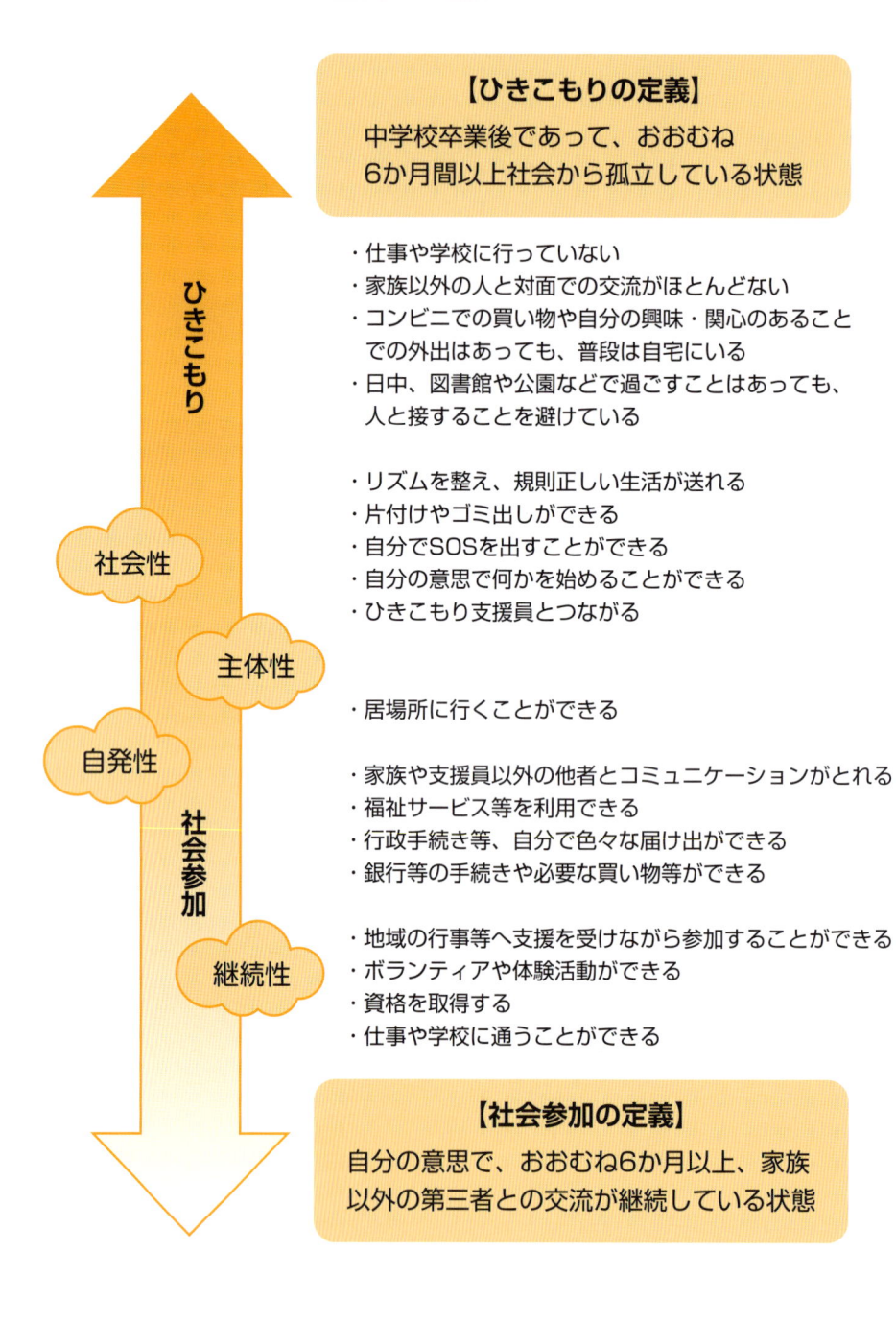

【ひきこもりの定義】

中学校卒業後であって、おおむね
6か月間以上社会から孤立している状態

・仕事や学校に行っていない
・家族以外の人と対面での交流がほとんどない
・コンビニでの買い物や自分の興味・関心のあること
　での外出はあっても、普段は自宅にいる
・日中、図書館や公園などで過ごすことはあっても、
　人と接することを避けている

・リズムを整え、規則正しい生活が送れる
・片付けやゴミ出しができる
・自分でSOSを出すことができる
・自分の意思で何かを始めることができる
・ひきこもり支援員とつながる

・居場所に行くことができる

・家族や支援員以外の他者とコミュニケーションがとれる
・福祉サービス等を利用できる
・行政手続き等、自分で色々な届け出ができる
・銀行等の手続きや必要な買い物等ができる

・地域の行事等へ支援を受けながら参加することができる
・ボランティアや体験活動ができる
・資格を取得する
・仕事や学校に通うことができる

ひきこもり

社会性

主体性

自発性

社会参加

継続性

【社会参加の定義】

自分の意思で、おおむね6か月以上、家族
以外の第三者との交流が継続している状態

（2）能力からコンピテンスへ、存在の豊かさ

　どのような状態であっても、その人がその人らしくいることができ、さまざまな手段で社会に貢献できることは、ひきこもり支援において重要な視点です。その際、何かができるできないを、個々の能力にゆだねるのではなく、その人のもつ関係性までを視野に入れる「コンピテンス」の視点から考えていくことが必要です。

　コンピテンスとは、「関係的な能力」を意味しています。すなわち、個人としてではなく、さまざまな関係性をもつシステムとしての能力という意味を含んでいます。すでに述べてきたように、ひきこもりという状態は、本人や家族、その環境の関係性を総称したシステムの硬直性が生み出すものです。それは、関係としての能力が奪われた状態ととらえることができます。

　もちろん、個人的な能力を全く考えないといったことは不可能なことです。一方で、現代の社会はいかにお金を稼ぐことができるかといった生産性を上げることが最大限評価される傾向にあります。その証拠に、ひきこもり支援においても中間就労が使われることがあります。中間就労という、「働けない」から「中間」を経て、「働ける」状態という連続性の設定は、気づかないうちに雇用労働を頂点とする労働の序列化につながる可能性もあります。そのため、社会参加やボランティア、職業訓練などを重視する体験型の活動に着目し、地域の社会関係資本がより豊かになっていくような働きかけの視点が求められます。

　こういった視点は、ひきこもり支援において、「存在の豊かさ」をつくっていきます。ひきこもりという状態をシステムとして見るならば、さまざまな社会関係がひきこもりという存在にその本人を固定化していることが見えてきます。しかし、ストレングスへの着目などによって、社会関係が変わり、異なる存在として本人が地域で生活していく姿が見えてくるはずです。例えば、ボランティア等で、地域の環境美化等に貢献している姿が見えてくるかもしれません。多様な存在として生きていく姿が地域で実現できるよう働きかけていくこと、「コンピテンスの向上」を進めていく視点が求められます。

（3）居場所づくりはプロセスが鍵
―地域に働きかける（価値観・文化）

　関係性までを能力として考えていくコンピテンスを視野に入れ、その人の存在の豊かさを地域でつくるという視点を持つとき、ひきこもり支援における居場所の存在は大きな意義あるものとして考えていくことができます。なぜならば、居場所とは新たな社会関係を紡ぎ始める場であり、そういった場とそこにいる人と結び付くことが、ひきこもりという状態にある関係性の硬直を打破するきっかけになるからです。

　また、居場所づくりは、存在の豊かさを構築していく地域への働きかけそのものとしてとらえることも必要です。それゆえ、さまざまな地域関係者との協働の中でつくり上げていくプロセスに、ひきこもり支援の意義があります。存在の豊かさとは、その人の可能性を追求していく支援でもあります。居場所は、本人や家族と地域の人たちが出会う場にもなり得ます。その意味で居場所とは、「地域のさまざまな住民と共に、新たな価値観や文化を地域に生み出していく拠点」として考えていくことも必要でしょう。この拠点の存在は、ひきこもり支援においては、本人や家族との直接的な関わりと共に、とても大切な取り組みであると考えなければならないでしょう。

　具体的には、地域の地区社会福祉協議会、民生委員・児童委員の集まり、連合町内会など、既存の地域関係者との連携が大切です。居場所づくりへのプロセスはその地域の状況によってさまざまです。ただ大切なことは、ひきこもり支援において、この居場所はコンピテンスを高める推進力であること、一人ひとりの存在に着目し、その存在が豊かになっていくきっかけをコーディネートする寄り添いの場であることです。そのためにも、ただつくるだけでなく、この場をどんな場にしていきたいかなど、本人や家族も交え、定期的に地域関係者も含めて共有していく機会をコーディネートしていくことも、ひきこもり支援においては求められると認識しておくことが必要です。

　そして、居場所での活動においては、さまざまな文化的活動に着目していくことも有効です。地域にある伝統的な文化、あるいはその地域にはこれまであまり馴染みがなかったかもしれない文化など、居場所全体が文化を発信したり、つくり出していくような場になることも、社会への参加を考えていく上では大切な視点となると考えられます。

（4）社会参加とデジタルな世界

　さて、社会参加を考えていく上で、SNSなどデジタルな領域をどのように考えていくかは大きな課題です。ひきこもり支援の現場では、SNSに依存している本人との出会いも少なくありません。むしろ、誰とも会わないけれども、ゲーム等を通じてSNS上において他者と交流していることが多くあります。ケースバイケースですが、現実世界でのさまざまな困難から自らの存在意義を見失い、そういったデジタルな世界に存在意義を見出（みいだ）すようなケースもあります。この場合、本人の存在を受け入れる場が、現実世界にないことが問題なのであって、ゲームへの依存だけが問題ではないこともあります。

　一方で、近年では、仕事そのものがインターネット上で成り立つ時代となっています。身近な買い物や公共料金等の支払いも、インターネットを通じた形で成立することが当たり前になっています。行政等のあらゆる手続きもデジタル化されてきており、インターネットを使うことは生活のインフラになってきています。

　支援において、SNSなどを敵視することは得策ではないでしょう。SNS等に依存し、生活を家族に依存している状態を肯定することではありませんが、本人との関係形成上、SNSを活用することも選択肢の一つとして持っておくことは必要です。問題は、その依存せざるを得ない状況がどのようにつくり出されているのかという点であり、そこに焦点を当てていくことが求められます。

　今後、社会参加も多様な価値観に基づいて定義し直していくことが必要になるかもしれません。すでに存在していますが、インターネット上で仕事が成り立ち、SNSを通じてのみ他者との交流を図ることを既存の地域はどこまで受け入れられるのでしょうか。社会参加という目標が、既存の価値や文化の押し付けにならないよう、価値の多様化を実現していくことが今後の大きな課題であり、ひきこもり支援でも議論していくことが必要でしょう。

多様な協働が支援を生み出す —支え合える地域づくり

ひきこもり支援において大切なことは、単に本人や家族の考え方を変えたりするようなことではなく、ひきこもり状態が維持されている関係性そのものに働きかけ、その硬直性を打破していくことだと説明してきました。それはまさに、多様な協働を紡ぐことによる地域づくりを支援者が当事者たちと共に目指していくことでもあります。そういった地域づくりを進めることが、本人や家族などの当事者たちとの関係形成をより良いものにしていくことに結び付きます。本節では、互いを支え合える地域づくりに必要となるいくつかの視点について示していきたいと思います。

（1）「私」がつながる－分担から相互浸透へ

地域への働きかけにおいて支援者は、その地域や社会全体が持つ価値や文化と対峙（たいじ）していくことが多くあります。これは一人で向き合えるものではありません。また、ひきこもり支援では、その特性上、一人の支援者ができることには限界があります。

多様な協働を進めていく際の第一歩は、支援者の「私」がつながるという視点です。ひきこもり当事者の人たちを関係機関等につなげることに意識が向きがちですが、その前提にあることは、「私」がその関係機関等と連絡が取れる関係を築いていることにあります。それはまた、互いの所属している機関や施設等のできることを理解していくことでもあります。日頃からの関係形成の場を設けることも、支援を進めていく上では重要なことです。

一方で、互いの役割を理解していく際に、「ここまでは私で、ここからはあなたの役割だから後はよろしくね」と、互いに押し付け合うようなことは避けなければなりません。支援において役割分担は大切ですが、強い線引きは、逆に関係の分断につながる可能性もあります。制度的な背景などはもちろん大切ですが、当事者たちとの関係性は継続してフォローしていくなど、役割を相互浸透させていくような視点を持つことが必要です。このことの第一歩は、情報を適切に共有することです。個人情報などは難しい問題ではありますが、情報の共有なしに連携は不可能です。

支援者同士が互いを理解し、制度の枠にとらわれず、結びつけ合いながら関係を形成していくことが、ひきこもり支援を促進させていくことにつながるということも、今後の支援体制の構築では大切な要素となることを忘れて

はいけません。福祉に関連する支援者同士が、互いの役割を相互浸透させていくことが、当事者たちとの直接的な関わりを良好にしていくと共に、ひきこもり状態にある人たちを支えていく地域づくりにつながるという視点を大切にしていくことが必要です。

（2）地域課題とひきこもり支援の結び付け

　ひきこもりの当事者たちを地域で支えていくことは大切なことですが、その地域もまたさまざまな課題を抱えていることを忘れてはなりません。例えばひとり暮らし高齢者への支援、空き家や耕作放棄地の増加、町内会加入率の低下、地域活動の後継者不足など、課題は山積しています。

　一方で、ひきこもりの状態を、そういった地域との関係まで含めたシステムとして考えた場合、地域の課題はさまざまな支援のきっかけになり得る可能性を秘めています。仮に地域との関係性を持つことがそういった課題が壁になり難しいのであれば、支援者は地域とその課題に向き合い、解決を図る中で、本人や家族をそのプロセスの中に巻き込むような逆説的な視点を持っていかねばなりません。

　地域「を」巻き込む、といった言葉が使われますが、本人との関係をつくっていく中で、その当事者たちの力を、地域「に」巻き込むような逆転の発想も、ひきこもり支援には大切です。彼らは決して何もできない存在ではありません。さまざまな関係性からなる状況が、彼らの力を奪ってしまっているのです。

　それゆえ、彼らのストレングスに着目し、それを地域課題の解決へ結びつけていくことで、お互いにとって高め合う関係性を構築することが可能となります。「存在の再構築」でもあります。例えば、耕作放棄地を解決するため、地域の子どもたちとサツマイモをつくる場で活動する中で、当事者たちにボランティアとして入ってもらいながら、できたサツマイモを共に収穫・調理し、それをひとり暮らしの高齢者へ民生委員などと一緒に配っていくなどの活動は、単なる支援を超えて、地域貢献をする存在にもなり得ます。

　支えられる時もあれば支える側の時もあるといったように、多様な存在を可能とする地域づくりを目指すことが、就労に限定されない体験型の活動まで含めた社会参加を実現していく上では重要になってくると考えられます。そ

のように考えるとき、福祉だけがひきこもり本人や家族を支えていくことには限界があります。例えば、法律関係者、医療関係者、教育関係者、企業関係者等との協働によって、生活全体を支えることが可能となる場合が多くあります。特に、支援とは直接的には関係ない企業等との連携もまた、ひきこもり支援にとっては大きな意義を持ってきます。

　特に近年は、企業のCSRによる取り組みの活発化、障がい者雇用のさらなる促進など、さまざまな接点を見出すことへの追い風が吹いています。支援者は、そういった制度的な変化にも敏感になりながら、多様な主体をパートナーに巻き込んでいく視点を常に持っておくことが大切です。そして、そのような取り組みをメディア等とも連携し、より多くの人々に知ってもらうことなどの働きかけや結びつきも忘れてはなりません。ひきこもりへの理解と支援がより展開していくような動きを、地域全体で活発化させていくことも求められます。ひきこもり支援は「地域づくりにも関わる」、この視点を支援者は忘れてはいけないでしょう。

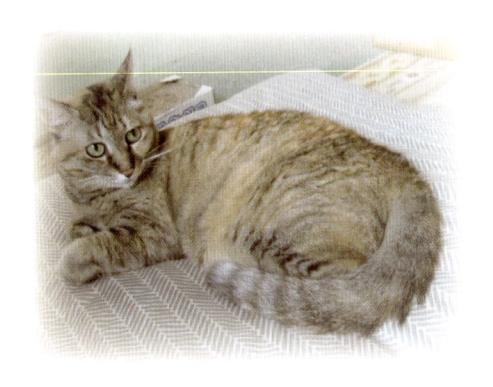

第7章

基礎自治体における
ひきこもり支援の取り組み

総社市の現状

　総社市は、岡山県の南西部に位置しており、市の中央を県の３大河川である高梁川が流れており、山間部と平野部のある小都市です。

　平成30年９月末日現在、人口は、69,041人（27,609世帯）、65歳以上の高齢者人口は、19,152人で、高齢化率は、27.7％になっており、全国27.7％、岡山県29.6％（平成29年10月１日）とほぼ同率で推移しています。しかし、市内の山間地区では、40％を超える地区が６地区（富山地区は57.1％）ある一方、中心部では16.7％の地区があるなど地区間の格差は広がっています。

　地理的な環境は、岡山市や倉敷市に隣接し、岡山空港が近く、山陽自動車道に接続している岡山自動車道の岡山総社インターチェンジもあり、交通要衝の地です。

全国屈指福祉王国プログラム

総社市役所　保健福祉部　福祉課

　総社市では、これまで支援を必要としている市民や地域に配慮した総社独自の施策を展開してきました。「子育て王国そうじゃ」を掲げた子育て施策の推進、予約型乗合タクシー「雪舟くん」の運行、「障がい者千五百人雇用」や「地食べ」による小規模農家の活性化、少子高齢化が急速化している昭和地区等の「英語特区」と定住助成制度の実施による地域再生など、総社流の政策は市民に限りなく優しく、住民福祉と直結した事業を進めてきました。

　本市では、第2次総合計画の将来都市像を「岡山・倉敷に並ぶ新都心総社〜全国屈指の福祉文化先駆都市〜」と定めています。ここにいう福祉先駆都市とは、支援を必要とする人々のために全力を尽くし、子どもからお年寄りまで、切れ目のない、全国でも最高レベルの優しさといたわりを提供できるまちと考えています。

　とかく福祉分野は、事業の規模が大きく国・県・市の予算配分の中で、ほとんどが全国一律、画一的な政策となっています。しかし、本市ではそれらの画一的な政策ではなく、お互いが支え合う仕組みづくりを模索し、他市に無い独自政策を多く創っていこうとしています。例えば、要介護や要支援に該当しないが孤立感や困難を感じている高齢者、生活保護に至らないが生活が苦しい家庭の子どもたち、障がい者福祉制度の利用に至らない発達障がいの方など、市民生活を送るうえで困難さを感じている方々、それぞれの枠組みに合致せず福祉制度の狭間にある方々、助けを求めたくても声を出せない支援を必要とする方々に、活き活きとした実感をもって生活いただけるよう、積極的に優しく手を差し伸べていきます。

　そこで、いわゆる弱い立場にある市民にきめ細やかな独自の施策を行うため、福祉や教育関係の有識者に参画いただき、市長をはじめとする幹部職員を構成員とした「全国屈指福祉会議」を平成27年に設置しました。この会議では、速やかに事業に取り組むべき具体的なメニューをまとめたプログラムを「福祉王国プログラム」と称し、毎年、協議検討しています。プログラムのメニューは、全項目に数値目標を掲げており、これらを達成することで、真の意味での全国屈指の福祉先駆都市の実現を目指しています。

　直近のプログラムでは、①子ども虐待ゼロ部会を立ち上げ、地域と連携した体制を作ること、②歩くことで健康づくりを推進し医療費を抑制すること、

③「障がい者1,500人雇用」を推進し障がい者の生活の質の向上を支援すること、④福祉制度の狭間^{はざま}にある高齢者の見守り100％、孤独ゼロを達成すること、⑤年間を通じて待機児童ゼロを達成すること、⑥発達障がい児への切れ目のない支援のため中学校卒業後のアクセス100％を達成すること等を掲げています。また、⑦ひきこもり支援では居場所の夜間開所、家族会の支援強化、自治体間ネットワーク構築のためにサミットを開催する等により、ひきこもりからの社会参加100人を達成することに取り組んでいます。

　弱い立場の人々に対して寄り添える自治体、これこそがその自治体の価値と考えます。そして、その弱者支援に求められるのは、既存の枠にとらわれない柔軟さとスピード感をもった対応です。既存のメニューにない福祉政策は我々がやる！　との気概^{きがい}をもって、「福祉王国プログラム」を迅速に進め挑戦していきます。

総社市における不登校支援の取り組み
〜だれもが行きたくなる学校づくり〜

総社市教育委員会　学校教育課

（1）不登校を取り巻く全国の状況

　不登校とは、年度内に30日以上欠席した児童生徒（小学1年生〜中学3年生）のうち、何らかの心理的、情緒的、身体的、あるいは社会的要因・背景により、児童生徒が登校しないあるいはしたくともできない状態にある者（ただし、「病気」や「経済的理由」による者を除く。）と文部科学省によって定義されています。

　平成25年度以降、不登校児童生徒数は増加を続けており、平成29年度の不登校児童生徒数は、全国で144,031人でした。全児童生徒数に対しての割合は1.5％となっており、中学3年生だけでみると、その数は41,500人で不登校生徒の割合は3.6％にもなります。

　また、不登校児童生徒のうち、90日以上欠席している者の割合は58.3％と約半数が2日に1日程度の欠席があり、出席日数が10日以下の者の割合は、11.2％（16,074人）となっています。年齢が上がるにつれ、出席日数が少なくなる傾向があり、中学3年生では、不登校生徒のうち4.1％の生徒が出席日数が0日でした。

（2）総社市の不登校未然防止を目指した取り組み

　平成22年度から不登校の未然防止の取り組みとして、プログラムによる生徒指導「だれもが行きたくなる学校づくり」を開始しました。これは、広島大学の栗原慎二教授が提唱するマルチレベルアプローチ（以下MLA）に基づき、不登校に「なる前のすべての子ども」「なりかけているハイリスクの子ども」「なった子ども」へのアプローチを包括したプログラムとなっています（図1）。

　学校では特に「なる前のすべての子ども」「なりかけているハイリスクの子ども」に対するアプローチとして次の4つの取り組みを柱としています（図2）。
　①品格教育・PBIS：よい行為の習慣をつくる継続的な教育活動
　②協同学習：グループで協力して学習に取り組む活動

③SEL：感情理解やコントロール、社会的なスキル等を身に付ける学習

④ピア・サポート：異校種、異年齢交流等を通じた子ども同士のサポート活動

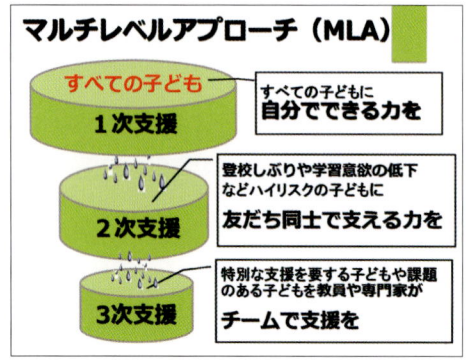
図1 マルチレベルアプローチ概念図

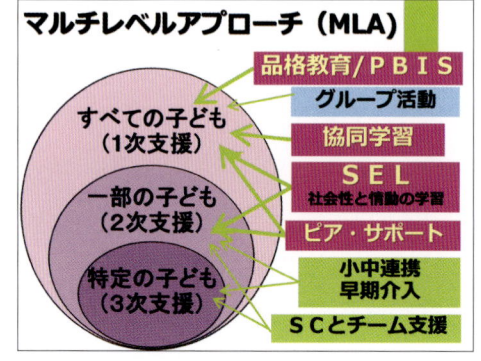
図2 総社市のマルチレベルアプローチ

　MLAとはこれらの取り組みを通して、子どもに大量の良質なコミュニケーションを意図的に提供することで、子ども同士や子どもと社会の良好な関係を築くことにより逸脱行為（ここでは非行、いじめ、不登校等）を抑制するという考え方です（ソーシャル・ボンド理論　Hirschi、1969）。

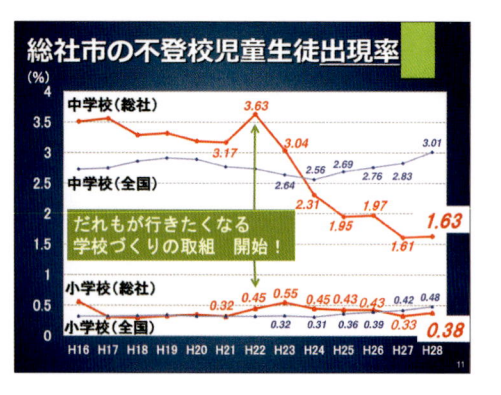
図3 総社市の不登校出現率

　この成果として、取り組みを開始した平成22年度以降は中学校の不登校出現率は大きく減少しました（図３）。

（3）　福祉との連携

　中学校における不登校問題の一つとして、卒業後の進路が挙げられます。不登校傾向の生徒には、中学校在学時には学校や関連機関等によるさまざまな支援がありますが、それは学校教育としての支援であるため、卒業と同時に終結するものがほとんどです。そのため高等学校に進学したものの中途退学

した者や、進学も就職もしなかった者に対する支援体制が十分ではなく、社会から孤立し、いわゆる「ひきこもり」状態となるケースも少なくありません。一旦このような状態に陥ると脱却には時間がかかり、社会復帰は困難です。

　このような事態を未然に防ぐため、MLAの考え方に照らし合わせると、ひきこもり状態となる前の段階のハイリスクな生徒への支援「２次支援」を行う必要があります。つまり、「ひきこもりにしない取り組み」です。義務教育終了後、この支援を行うことが行政の役割であり、使命だと考えています。この取り組みを実現するためには、ハイリスクな状態にある生徒・家庭を卒業時に学校教育から保健福祉部局（総社市ひきこもり支援センター「ワンタッチ」、以下「ワンタッチ」）につないでおくことが重要であり、このことにより未然防止、早期発見、早期対応が可能となります。ここでの「つなぐ」とは、円滑な連携のためワンタッチ職員と対象者本人またはその家族が、直接面会または電話による対話をすることとしています。

　家庭と保健福祉部局をつなぐ調整は、学校が直接家庭と連絡をとりますが、生徒の実態に応じて、スクールソーシャルワーカー（以下「SSW」）や総社市教育支援センター（適応指導教室）とも協力し、対象者個々に応じた柔軟なつなぎができるようにしました。

　つながった生徒に対しては、ひきこもりの定義に当てはまらなくても、ワンタッチから積極的に連絡をとり、対象者が必要とする支援を行うことで、ひきこもりにならないように努めます。

　総社市教育支援センターは、学校とワンタッチの連携の橋渡しを担います。さらに各中学校に在籍しているハイリスクな生徒の実態把握に努め、つなぐ必要のある生徒について学校と協議し、つながった生徒情報などを総社市教育支援センターに集約することで、ニーズのある家庭への十分なアプローチを図るとともに総社市全体の普遍的な取り組みとして福祉との連携を推進しています。

<引用・参考文献>
・総社市教育委員会「だれもが行きたくなる学校づくり入門」（2015年）
・栗原慎二『マルチレベルアプローチ MLA だれもが行きたくなる学校づくり』（ほんの森出版、2017年）
・文部科学省「学校基本調査」（2017年）
・文部科学省「平成29年度児童生徒の問題行動・不登校等生徒指導上の諸課題に関する調査結果について」（2018年）

総社市ひきこもり支援センター "ワンタッチ" の取り組み

総社市ひきこもり支援センター "ワンタッチ"

（1）総社市ひきこもり支援センター "ワンタッチ"

平成29年4月に総社市ひきこもり支援センター "ワンタッチ" は開設されました。このセンターは、厚生労働省のひきこもり対策推進事業における「ひきこもり地域支援センター」ではなく、総社市独自の施策として設置されています。

"ワンタッチ" は、ひきこもりに関する相談支援を行うためのワンストップ相談窓口として、専任の相談員2名（社会福祉士・精神保健福祉士／臨床心理士等）を設置し、相談支援だけでなく、同行支援や居場所支援等、さまざまな手段で当事者及び家族等の相談支援を行っています。

①相談支援
来所相談、訪問相談、電話相談、e-mail での相談を行います。

②同行支援
ボランティアやハローワーク、企業見学等、本人のニーズに添って同行支援を行います。

③居場所の設置
ひきこもり状態にある方が、ほっと安心して過ごせるような居場所を設置します。

④家族会の設置
ひきこもり状態の方を家族に持つ方が、気軽に話せてお互いに支え合えるような会の設立を支援します。

⑤ひきこもりサポーターの養成
居場所づくりやイベント運営等をお手伝いいただける、サポーター（ピア含む）を養成します。

> "ワンタッチ" という名称には、ひきこもり状態にある方一人ひとりに寄り添っていきたい（タッチしていきたい）という想いが込められています。

（2）総社市ひきこもり支援センター　　　"ワンタッチ"の相談実績

（平成29年４月１日〜平成31年３月末日現在）

・延相談件数4,020件

（訪問 1,013件、来所 1,367件、電話 1,398件、e-mail 242件）

・実相談者数 195人（男性 140人、71.8%、女性 54人、27.7%）

・社会参加実人数 19人

（ボランティア体験 5人、就労 5人、短期就労 3人、福祉的就労 2人、

進学 3人、復学 1人、地区社協行事への参加 1人）

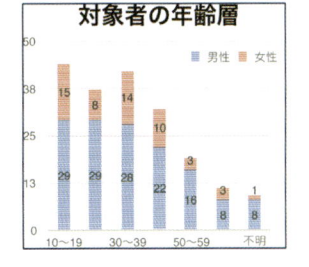

（3）ひきこもりサポーター養成

　"ワンタッチ"では、センター設置前の平成28年度からひきこもりサポーター養成講座を開催しています。

　ひきこもりサポーターの皆さんに居場所開所時の当番やイベントの運営を担っていただくことを目的として、ひきこもりへの理解を深めるような講座を行っています。講座は、5回シリーズ（平成30年度は西日本豪雨災害発災により4回）で開催し、第1回から第4回まではひきこもりの知識や実際の

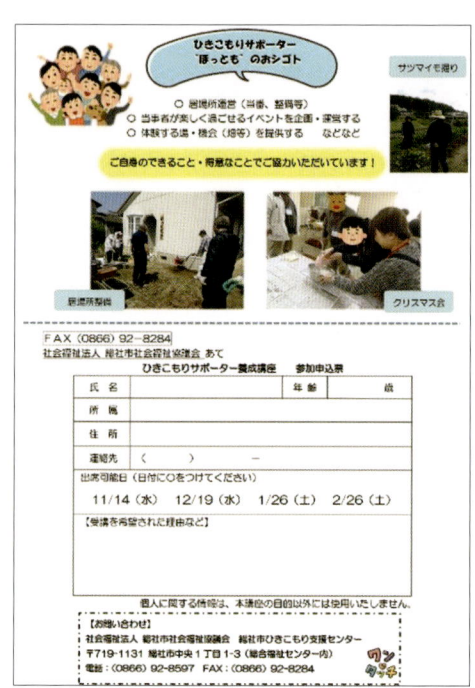

支援方法を学び、第5回は自分たちにできることを考えるグループワークを行っています。また、各回の後半は話し合いを設け、他の受講者や先輩サポーターと意見交換し、つながりを作ることでサポーター活動への意欲を高めています。

　平成28年度から30年度までにご登録いただいたサポーターは61名となります。平成30年度には、当事者にとって「ほっとする友だち」のような存在になりたいという想い（おも）を込めて、サポーターの愛称を「ほっとも」と決めました。

（4）ひきこもりサポーターフォローアップ研修

　ひきこもりサポーター養成講座を受講し、サポーターとして活動を始めてからもスキルアップを目的とした研修を行っています。研修内容は、サポーターの方々が学びたいことを中心に、他の居場所の見学研修や発達障がい、対人支援の基礎等を行っています。

　また、毎月1回ひきこもりサポーター定例ミーティングを開催し、イベントの企画検討や、居場所での関わりの振り返り等を行っています。

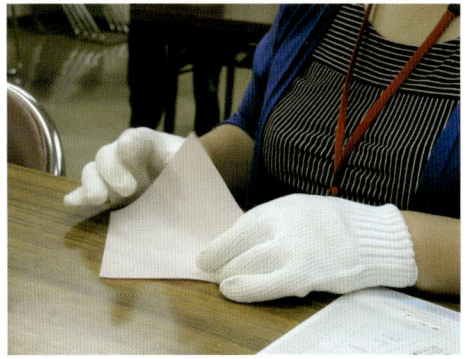

（5）ひきこもりサポーター "ほっとも" が
大切にしていること

（1）自然体で関わる

　居場所に来てくださるひきこもり当事者の方は、初めての人と接するのが苦手ながらも誰かと接したい、話がしたいという思いを持っています。ほっともは専門の資格を持った支援者ではなく、一般の地域住民なので当事者の方の相談に乗ることはできません。しかし、当事者と好きなことの話をしたり、居場所で一緒に料理をしたり野菜の世話をすることはできます。ほっともは、一緒にいると「ほっとする友だち」のような存在になることを目指して、当事者の方々と自然体で関わることを大切にしています。

（2）サポーター自身が楽しむ

　ひきこもり当事者の中には、初対面の人に対する緊張が強い方も多いです。その方々に対してサポーターが緊張して接すると余計に当事者の方も緊張してしまうため、「この人はどんな人なんだろう？」「どんなことが好きなんだろう？」と当事者との出会いにワクワクしながら活動しています。

　また、居場所「ほっとタッチ」でさまざまなイベントを開催して、当事者の方とにぎやかに過ごすことがサポーターの楽しみになっています。

（3）参加の仕方はさまざま

　居場所の当番やイベント運営以外にも、サポーター一人ひとりの趣味や得意なことを活かしてさまざまな方法で活動に参加しています。たとえば、畑を持っているサポーターは当事者を秋のサツマイモ掘りに誘ってくれる方、子

どもが読み終わった週刊漫画を居場所へ持ってこられる方、お正月に手作りの門松を持ってこられる方もいます。また、居場所当番やイベント運営への参加は難しいけれど、総社市ひきこもり支援センター"ワンタッチ"を周知してくださる方もいます。それぞれのペースで得意を活かして活動に参加できることが、サポーターが無理せず活動を続けられる秘訣(ひけつ)になっています。

（6）居場所運営

１．模擬居場所

　平成29年５月から、ひきこもり状態にある方のうち、家族以外の第三者とつながりが欲しいと思っている方や、仲間づくりをしたい方等のためにほっと安心して過ごせる居場所の開設を目指して、模擬居場所を実施してきました。この模擬居場所では、相談支援で関わっている方一人ひとりのニーズをお聞きして、イベントを企画しました。当事者と支援員だけでなく、ひきこもりサポーターにも参加いただき、参加者全員が元気になるような楽しいイベントを開きました。

２．常設型居場所「ほっとタッチ」

　平成30年２月23日に、平屋の民家をお借りした建物で常設型の居場所「ほっとタッチ」を開設しました。この「ほっとタッチ」は、同年７月から、平日（月～金）の15時から17時まで開所しています。居場所の運営スタッフとして、ひきこもりサポーターが当番制で２名常駐しています。

　この居場所では、ひきこもり状態にある方が「家族以外の人と関わる」、「仲間づくりをする」、「生活体験をする」など、個々の目的で利用でき、「安心して、自分らしく過ごせる場所」を目指しています。特に、重きを置いていることは、多種多様な地域住民のひきこもりサポーターとの出会いです。人と人が出会い、つながることが、その人の居場所となります。その中で、他者との交流によって社会性を学び、仲間ができ、対人関係に自信を持つことができる場合もあります。また、定期的に居場所に参加することで、規則正しい生活習慣を得ることもできます。居場所に参加することが社会参加の起点となり、次の社会参加へのステップになります。

　今後の課題は、常設型居場所の時間帯や環境を工夫し、若年層の利用を増

やしていくことです。

3．体験型居場所

　居場所は、決して一つではありません。前述したように、人と人とが出会い、つながることが、その人の居場所になることから、場所は限定されることはありません。時には、地域住民と一緒に畑で収穫作業をしたり、地区社会福祉協議会の行事の手伝いをしたり、福祉施設で環境整備のボランティアをしたりなど、個々が体験する場所によって、居場所は異なります。

【体験型居場所の例】

内容	場所
ジャガイモ掘り	サポーター所有の畑
卓球	サポーター所有の卓球場
人狼ゲーム大会	サポーター宅
サツマイモ掘り	サポーター所有の畑

（7）総社市ひきこもり家族会「ほっとタッチの会」

1．設立まで

　ひきこもり状態にある方の家族（両親・きょうだい・親戚）にも、気軽に集まって相談できる場が欲しいという要望から、ひきこもり家族会の設立を支援するために、平成29年10月から「ひきこもり家族会設立準備会」を開催してきました。

　また、家族同士がお互いに励まし合えるような交流会や、ひきこもりについて勉強できるような研修会を開催しました。参加者からは、「共感できるところがたくさんあって、うちだけではないと思った。」「家族ではどうしてもうまく関われない部分があるので、本人がその気になったときに、家族以外の第三者とすぐつなげられるように家族同士でつながりを持ちたい。」などの感想がでました。

　その後、家族会の役割や目的などを検討するために、平成30年４月から毎月１回設立準備会を開催してきました。

2．設立

　平成30年８月16日（木）に総社市ひきこもり家族会「ほっとタッチの会」を設立しました。ひきこもり当事者が家族にいる人たちを対象に、ひきこもりについての知識や理解を深めながら、家族間で交流を図り、ひきこもり家族の「孤立」を防ぐことやリフレッシュしていただくことを目的とした当事者組織です。同年、10月18日（木）に総社市ひきこもり家族会「ほっとタッチの会」設立記念式典を開催しました。記念式典については、最初はクローズで開催しようという迷いもありましたが、同じ思いや境遇の家族がたくさんいるのではないかと考えると、この家族会ができたことをたくさんの家族に知ってもらいたいという思いでマスコミも呼び、オープンで開催しました。

3．定例家族会

　毎月第３木曜日の13時から15時まで居場所「ほっとタッチ」で開催しています。主な活動内容は、会員相互の情報交換や親睦、サービス等の情報交

換、勉強会や研修会の企画などです。一人で悩まず、共感し合える仲間として、日頃の悩みや不安を話し合っています。

【会長の一言】

　昨年8月にスタートした結成間もない家族会ですが、それぞれの家族で抱えている不安や問題を親身になって相談し合い、当事者達の成長を皆で喜び合える「温かい」家族会です。

　このような家族会を結成できたのも、ひとえに家族会をサポートして下さる「ひきこもりサポーター」の皆様や、「総社市ひきこもり支援センター　ワンタッチ」の皆様などの関係者方々の熱意やご尽力によるものです。心より感謝申し上げます。

（8）総社市ひきこもり支援センター "ワンタッチ" が 大切にしていること

①まずは "聴く"

　対人援助の基本であり一番大切なことですが、まずはひきこもり当事者の想^{おも}いや考えを聴くことを大切にしています。「聴く」という単語には、ただ単に相手の話を聞くだけではなく「積極的に耳を傾ける」という意味があります。当事者の困っていることはなにか、これからどうなりたいか（生活、仕事、家族等）を丁寧に聴き取りすることが大切です。

　当事者の中には、現状の生活で困っていないと感じている方もいます。そのような方とは、現在の生活の話や趣味の話等を中心に雑談をしたり、本人が拒否しなければ居場所等に誘っています。他者との関わりによってはじめて、ご自身が困った、あるいは困りそうな状況にあることに気付く方も少なくありません。

　また、他者と話すことが苦手で、支援員との面談へのハードルが高い方に

対しては、一緒にゲームをしたり作業をする等、会話しなくても大丈夫な状況で会うことを提案しています。

②当事者・家族のニーズを大切にする

　ひきこもり当事者・家族がどのようなサポートを望んでいるのかというニーズを大切にするということも、対人援助の中で最も大切なことの１つです。当事者のニーズは、多岐にわたります。友だちや仲間が欲しい、居場所が欲しい、仕事をしたいけど自信が無い、世帯が困窮しており明日食べるものを買うお金が無い、親の認知症が進んでいる等々家族のニーズもさまざまです。家族自身がしんどいので話を聴いてほしい、当事者に働いてほしい、家族以外の第三者とつながってほしい、親亡き後のためにしておいた方がいいことを相談したい、同じ状況にある家族と話がしたい等々。

　例えば、親の介護や家事を当事者がしなければいけない場合、本人が働くことは可能でしょうか。恐らく、難しい場合が多いでしょう。その場合は、本人の負担が少しでも軽くなるように親へのサポートを増やしていくことが先決ではないでしょうか。

　このように、当事者とその家族（世帯）がどのようなニーズを抱えているか、本人にどのようなサポートが必要かを考えることが大切です。

③新しい資源を開拓する

　ひきこもりへの理解は、徐々に社会に広まっていますが、居場所や就労先等、その受け皿はまだまだ少ないのが現状ではないでしょうか。ひきこもり当事者のニーズが多岐にわたるため、その支援も十人十色です。自由に過ごせる居場所、障がい福祉サービスにおける就労継続支援Ｂ型のような仕事の準備ができるような場、ひきこもり経験をオープンにして就労できる企業等、それぞれの当事者にあった場を探していくことや創出することも大切です。

　例えば、総社市ひきこもり支援センター"ワンタッチ"では、総社市社会福祉法人社会貢献活動推進協議会（愛称：ふくしネットそうじゃ）と連携し社会福祉法人でのボランティアを受け入れていただいています。また、地域の行事や畑等でのボランティアもお願いをし受け入れていただいています。就労については、相談者が応募したい求人に就労体験や見学の受け入れを支援員から打診することもあります。

また、既存の事業所を開拓するだけではなく、新しい雇用を創出し多様な働き方を実現することを検討しています。

④当事者・家族を応援してくれる人を増やす

　ひきこもり当事者がいる世帯の孤立を防ぐためには、専門職同士の連携だけでなく、地域住民への周知啓発を行い理解者を増やしていくことも重要ではないでしょうか。総社市ひきこもり支援センター"ワンタッチ"では、チラシ配布だけでなく、フォーラム等大きなイベントを開催し、ニュースや新聞記事として掲載いただくよう報道機関にお願いしています。また、ひきこもりサポーター養成講座もひきこもりについての周知啓発を兼ねており、より多くの方に理解者となっていただき、地域が変わっていくように尽力しています。

おわりに

　本会では、平成21年度から障がい者相談支援センター（現：障がい者基幹相談支援センター）を市から受託し、障がいがある方の中には、社会とのつながりが無く、在宅で生活している方がおられることを目の当たりにしました。また、平成24年度に障がい者千人雇用センター（現：障がい者千五百人雇用センター）を立ち上げ、まず障がいのある方へ就労支援をすることで、社会へとつなぐことから始めました。

　障がいのある方々が就労につながり収入を得る一方で、社会に積極的に関わっていくことで、権利が侵害される方々もおられ、それらの方を守るために平成25年度に権利擁護センターを受託しました。さらに、生活が困窮している世帯への支援の充足を図るため平成26年度には生活困窮支援センターを受託しました。生活困窮支援センターの対象者にはひきこもり状態の方も含まれており、その相談件数は生活困窮支援センター全体の相談件数の2割にのぼりました。

　これらの支援に取り組む中で、制度の狭間に埋もれたひきこもり当事者とその家族が、まだまだ総社市内にいるであろうと実感しました。

　そこで、ひきこもり支援に特化した窓口の設置を目的として、本会では平成27年度から「ひきこもり支援」に取り組み始めました。

　まず、総社市でのひきこもり支援の俯瞰図を「ひきこもり支援等検討委員会」で描いていただきました。あまり先例のない中、検討を快く引き受けていただきました西田 和弘委員長をはじめ委員の皆様に深く感謝申し上げます。

　検討の結果、「ひきこもり」の実態調査を行うこととし、民生委員・児童委員と福祉委員の皆様にご協力いただき実態を調査しました。調査では少なくとも207名がひきこもっているという実態が明らかになりました。その支援の必要性から、総社市の「全国屈指福祉会議」の重点項目に位置付けられ、市の重要施策として、ひきこもり支援センターの開設、居場所の設置、ひきこもりサポーターの養成、家族会の設置など、本会への委託事業として「ひきこもり支援」が本格的にスタートしました。

　総社市でのひきこもり支援へのチャレンジは、まだ始まったばかりですが、人口10万人に満たない地方都市でも、このような実践ができるんだ！という気勢で取り組んでいこうと考えています。

　最後に、今後、全国各地に「ひきこもり支援」の輪がますます広がっていきますよう祈念いたしますとともに、私たちも皆様と共に「ひきこもり支援」

に邁進してまいりたいと存じます。

　今後とも本会でのひきこもり支援にご支援、ご協力を賜りますようお願い
いたします。

（注）ひきこもり支援・総社のあゆみ―行政と社協の協働体制2018「おわりに」の一部
　　　を引用しています。

社会福祉法人 総社市社会福祉協議会

会長　風早 昱源

資　料

ひきこもりの相談窓口

ひきこもり地域支援センター

　各都道府県、指定都市に設置されている、ひきこもりに特化した専門的な第一次相談窓口。社会福祉士、精神保健福祉士、臨床心理士等の資格を持ったひきこもり支援コーディネーターが、ひきこもり当事者とその家族への相談援助・情報提供を行う。また、地域における関係機関とのネットワークの構築を担う役割。

【厚生労働省　ひきこもり対策推進事業】
https://www.mhlw.go.jp/stf/seisakunitsuite/bunya/
hukushi_kaigo/seikatsuhogo/hikikomori/

生活困窮者自立支援法に基づく相談窓口

　各自治体に設置されている、「働きたいけど不安」「家計が苦しい」等、生活全般にわたる困りごとの相談窓口。ひきこもり支援も生活困窮予防のために行っている。

【厚生労働省　生活困窮者自立支援制度】
https://www.mhlw.go.jp/stf/seisakunitsuite/bunya/
0000059425.html

精神保健福祉センター

　各都道府県、指定都市に設置。こころの健康の保持・向上や、こころの病を持つ方の自立と社会復帰等を目指して支援する機関。ひきこもりの中でも、特にうつや不安、妄想や幻覚等、こころの健康が心配な場合の相談窓口。お住まいの地域に精神保健福祉センターが無い場合は、後述の保健所が相談窓口となる。

【厚生労働省　全国の精神保健福祉センター一覧】

https://www.mhlw.go.jp/kokoro/support/mhcenter.html

保健所

　各都道府県、指定都市、中核都市、特別区等に設置。地域住民の健康や衛生を支える公的機関。こころの健康の相談窓口もあり、ひきこもりの中でも、特にうつや不安、妄想や幻覚等、こころの健康が心配な場合の相談窓口。

【厚生労働省　保健所管轄区域案内】

https://www.mhlw.go.jp/stf/seisakunitsuite/bunya/
kenkou_iryou/kenkou/hokenjo/

地域若者サポートステーション

　各都道府県に１か所以上設置。働くことに悩みを抱えている<u>15歳から概ね39歳までの若者</u>に対し、相談援助、コミュニケーション訓練、就労体験等により就労に向けた支援を行う。

【地域若者サポートステーション】

https://saposute-net.mhlw.go.jp/index.html

その他、基礎自治体が設置するひきこもり支援の相談窓口

　ひきこもり地域支援センターが設置されない基礎自治体（市区町村）に、ひきこもり支援の相談窓口を独自に設置する自治体が出てきています。本書で紹介した、総社市ひきこもり支援センター "ワンタッチ" も総社市が独自に設置したひきこもり支援の窓口です。

ひきこもり支援を行うNPO法人

　相談援助、訪問支援、居場所、就労訓練、シェアハウス、当事者会、家族会等、それぞれのNPO法人で実施する内容が異なる。多くの場合、サポートを受けるには料金が発生する。それぞれの法人に特色があり、公的機関では実施していないサポート等がある法人もある。

相談窓口がたくさんあって、どこに相談したらいいかわからないときはどうしたらいいですか？

はじめに相談した窓口の方が、より適切な窓口を紹介してくれるので安心してください！
公的機関やNPO法人等、さまざまな窓口があるので、ご自身が相談しやすい窓口でご相談いただくのがいいと思います。

●執筆者一覧

はじめに
◎西田　和弘　岡山大学大学院法務研究科　教授
　　　　　　　（総社市ひきこもり支援等検討委員会委員長）

第1章
　西田　和弘　岡山大学大学院法務研究科　教授
　川上　富雄　駒澤大学文学部社会学科　教授
　総社市役所　保健福祉部　福祉課

第2章
　周防　美智子　岡山県立大学保健福祉学部　准教授
　社会福祉法人　総社市社会福協議会

第3章
　社会福祉法人　総社市社会福祉協議会

第4章
　社会福祉法人　総社市社会福祉協議会

第5章
　中山　遼　NPO法人あかね　代表理事

第6章
　直島　克樹　川崎医療福祉大学医療福祉学科　講師

第7章
　社会福祉法人　総社市社会福祉協議会
　総社市役所　保健福祉部　福祉課
　総社市教育委員会　学校教育課
　総社市ひきこもり支援センター"ワンタッチ"

おわりに
　風早　昱源　社会福祉法人　総社市社会福祉協議会　会長

※ ◎は執筆代表者

■編著者プロフィル

総社市ひきこもり支援等検討委員会

（委員長：西田 和弘＝岡山大学大学院法務研究科教授）

　平成27年8月、岡山県社会福祉協議会から2年間のモデル事業（市町村社協活動活性化支援事業）の指定を受け、「ひきこもり支援等検討委員会」を設置。委員会は、「ひきこもりは社会全体の課題である」という考えを基に、ひきこもり支援に取り組み、2年間の議論や実態調査、サポーター養成講座や研修企画等の試行を経て、平成29年4月から、市の委託事業として、ひきこもり支援センター「ワンタッチ」の開設等ひきこもり支援事業を本格的に開始している。

　委員長の西田和弘は、総社市権利擁護センター、総社市生活困窮支援センター、総社市ひきこもり支援センターの立ち上げ時に運営委員長等を務め、引き続きこれら3センターの運営委員長等を担っている。

社会福祉法人総社市社会福祉協議会

　総社市と協働して地域住民の安全を守り、豊かな暮らしを実現するために、「住民主体の地域福祉活動の推進」を担う中核的組織。「すべての住民が自分の住み慣れた地域で自分らしく生き生きと豊かに暮らせるふれあい、助けあい、支えあいのある住民主体の福祉コミュニティの実現」（地域包括ケアシステムの構築）を目指し、様々な地域福祉活動に取り組んでいる。

　平成21年度からは、これまでの地域福祉活動に加え、横断的な総合相談支援体制の確立を目指し、以下の個別支援にも注力している。

- ・総社市障がい者基幹相談支援センター　　　　（平成21年度〜）
- ・総社市障がい者千五百人雇用センター　　　　（平成24年度〜）
- ・総社市権利擁護センター「しえん」　　　　　（平成25年度〜）
- ・総社市生活困窮支援センター　　　　　　　　（平成26年度〜）
- ・そうじゃ60歳からの人生設計所　　　　　　（平成28年度〜）
- ・総社市ひきこもり支援センター「ワンタッチ」　（平成29年度〜）
- ・総社市復興支援センター　　　　　　　　　　（平成30年度〜）

■イラスト

Nico（p5、p19、p24、p27、p29）

タイムマシーン（p31、p38、p70、p79）

古山真紀子（p35）

ミジンコもどき（p58、p70、p86、p99）

■写真

猫のココ（p82、p101）

ひきこもりサポーター養成テキスト

2019年6月30日　発行

編　著　者　総社市ひきこもり支援等検討委員会委員長　西田和弘

企画・発行　社会福祉法人総社市社会福祉協議会
　　　　　　〒719-1131　岡山県総社市中央一丁目1番3号
　　　　　　（総社市総合福祉センター内）
　　　　　　ウェブサイト www.sojasyakyo.or.jp/

発　　　売　吉備人出版
　　　　　　〒700-0823　岡山市北区丸の内2丁目11-22
　　　　　　電話 086-235-3456　ファクス 086-234-3210
　　　　　　ウェブサイト www.kibito.co.jp
　　　　　　メール books@kibito.co.jp

編集・制作　（株）吉備人

印　　　刷　サンコー印刷株式会社

製　　　本　日宝綜合製本株式会社